Um Passo de Cada Vez

Vera M. Mendonça Barros

Um Passo de Cada Vez

Edição do Autor
São Paulo/2014

Copyright © 2014 Vera M. Mendonça Barros

CIP-BRASIL. CATALOGAÇÃO-NA-FONTE
SINDICATO NACIONAL DOS EDITORES DE LIVROS, RJ

B284p

    Barros, Vera M. Mendonças
        Um passo de cada vez / Vera M. Mendonça Barros. - São Paulo : 2014.

    ISBN 978-85-7923-302-9

        1. Técnicas de autoajuda. I. Título.
    11-1124.   CDD: 158.1
                    CDU: 159.947

    28.02.11   28.02.11
024804

Dedico a todas as pessoas que, de uma maneira ou de outra, procuram melhorar, um pouquinho, o mundo em que vivemos. E, principalmente, aos meus filhos, filhas, netos e netas, flores que colhi durante minha caminhada e colaboram na transformação do meu eu interior.

Agradecimentos

Um agradecimento especial ao Arcanjo Gabriel, que se esforçou para nos dar estes ensinamentos e à Sabrina pelo carinho e paciência. Aos amigos e parentes Juliana, Ana Paula, Ivone, Ivo, Maria Lucia, Saula, Nêne, Dani, Teka, Silvana, Rosa, que acreditaram e me incentivaram a escrever este livro. Aos amigos Alfredo, Carmem, Tereza, Lázaro e Rodolfo que colaboraram , deram sugestões e fizeram revisões.

Sumário

Agradecimentos 7
Introdução 11
I - Estranhos Fenômenos 13
II - Uma Missão 33
III - Um Aprendizado 49
IV - Mais Alguns Passos 59
V - Nosso Dia A Dia 73
VI - As Descrenças 87
VII - Um Fio De Amor 101
VIII - A Dor 119
IX - Os Sinais 131
X - Extraterrestres 147
XI - Sofrimento 157
XII - Profecias E Milagres 167
XIII - Mulher 179
Epílogo 195
Referências 197

Introdução

Embora já tenha passado mais de uma década desde que o arcanjo Gabriel me presenteou com sua presença, as informações obtidas, discutidas e admiradas, continuam sendo cada vez mais válidas. Naquela época, ele me disse que deveríamos publicar as mensagens através da internet, mas ainda não tínhamos acesso a ela, então a sugestão foi se apagando de minha memória. Agora, por sugestão de minha filha, aceitei escrever num blog as mensagens recebidas. Todas as mensagens foram escritas em 1995. E agora acredito, depois de reler todas as mensagens que chegou a hora de colocá-las em um livro, onde todas as pessoas podem ter acesso.

    É interessante como as pessoas têm características tão diferentes, uma das outras. Algumas são sonhadoras, outras realistas, têm aquelas que adoram ficção científica, outras ainda que se dizem céticas, duvidam de tudo. Sempre fui muito curiosa nas questões que dizem respeito ao Universo. Frequentemente me perguntava: "Quando teve início nosso Planeta? Como a Humanidade surgiu? Quem é Deus? Por que o Universo é tão grande?" Também era muito quieta e tímida, mas no meu interior, embora não tivesse coragem de argumentar, não me conformava quando me diziam, por exemplo, em relação às questões religiosas, que, se as crianças morressem sem ser serem batizadas não iriam para o céu, ou então, que havia pecado tão grave, que poderia nos levar diretamente para o inferno, para nunca mais sairmos de lá. Atualmente, sou uma pessoa mais crítica, algumas ilusões já se dissiparam, já falo o que penso e reajo contra posições preconceituosas, sexistas, racistas, ainda tenho muito amor pelos outros, mas já não sou tão sonhadora. Venho buscando respostas às minhas indagações há muito tempo. Por isso, agora que algumas de minhas dúvidas foram dissipadas, não poderia deixar de compartilhar com quem, por acaso, também tenha os mesmos questionamentos que eu. Precisamos buscar conhecer a realidade, para não sermos pegos de surpresa frente às mudanças que estão ocorrendo em nosso Planeta. Sei que essas mensagens vieram através de mim, mas que são para todas as pessoas. Então, boa leitura.!

VMMB

I

Estranhos Fenômenos

*"...ele não era a Luz, mas
veio para dar testemunho da Luz"*
(Jo 1,8)

Será que alguém acreditará nisso? Será fruto de minha imaginação? Você convive com uma pessoa, conhece-a bem, e de repente, por alguns momentos, ela muda totalmente o seu comportamento..
    Certa noite, eu e Suzana, passamos por uma estranha experiência quando fomos dormir. Ela fica imóvel, com os olhos fechados, a respiração regular, começa um monólogo sem sentido, com a voz muito baixa, num sussurro quase inaudível. "Estás no caminho certo. Tens o dom do amor e vives para dar amor. A Isabel pode ser guia, ela te dará a mão. A Suzana é o instrumento; ela transmitirá a mensagem. Suzana não precisa transmitir sempre. Tu podes me ouvir através da tua consciência. Ouve teu coração. Eu não vou te abandonar, pois estarei sempre na tua consciência. Mas eu só estou preparando o

caminho: um dia virá alguém superior, mais importante que eu.Se Deus quisesse mandaria todos os anjos do céu para os homens acreditarem.Tu existes para o amor, vais sempre amar muitas pessoas.Nem todos têm este dom. Dá um passo de cada vez Estarei sempre contigo Fica em paz!
"

Depois do estranho monólogo Suzana parece acordar de um sono profundo. Mas acorda muito cansada e diz que precisa dormir. E aí, dorme realmente. No dia seguinte, acorda normalmente, mas diz que está sentindo sua mente meio vazia. Isso aconteceu na noite de 29 de junho de 1995 e daí para frente, durante quase 2 anos, a minha vida se transformou numa sucessão de indagações, buscas, surpresas, alegrias e muita, mas muita emoção. A curiosidade é importante na nossa caminhada. Ela nos levam a grandes descobertas. Devemos sempre buscar, perguntar, questionar, investigar...Você acredita em anjo? Mensageiro? Espírito de Luz? Guardião? Pois até esse dia eu nunca tinha pensado nesse assunto.

Quando era criança tive uma educação católica. Aprendi que as crianças têm um anjinho da guarda, que as acompanham ate sete anos, idade para fazerem a primeira comunhão. Depois disso o anjinho vai acompanhar outra criança que ainda não tem a responsabilidade de saber o que é certo e o que é errado. Eu sempre fui muito estudiosa, obediente e conversava com meu anjinho até fazer sete anos e, a partir daí, me esqueci dele. Gostaria de ter a capacidade de passar para o papel tudo que tenho sentido. Sempre tive grande dificuldade para escrever e falar. Durante muito tempo deixei de dar opiniões sobre determinados assuntos, que achava importante, somente para não aparecer em público, me destacar. Várias vezes, me decepcionava e ficava frustrada por não ter o dom da palavra. Ainda não o tenho, mas agora não deixo de dar minha opinião, a minha contribuição sempre que possa ajudar a melhorar, um pouquinho, o mundo em que vivemos. E, apesar de também não ter o dom da escrita, não posso deixar sem registro essa experiência. Tenho sido uma pessoa tão comum, com auto estima tão baixa, que passei a vida toda achando que, se telefonasse para alguém, não muito conhecido, teria sempre de me identificar como: sou a amiga de ...,sou a companheira de ... sou a mãe de..., e por aí a fora. Mudei, mudei muito nessa caminhada de 50 anos. Mas uma coisa me acompanhou durante todo esse tempo, uma característica minha, que apesar de mudanças radicais na vida, fez e faz parte de minha existência: o amor. Sou uma eterna apaixonada pela vida, dada a grandes paixões. Caí e sei que posso continuar caindo, mas nunca desisto..Esse não é um livro de minha vida e sim dessa experiência, portanto irei acrescentando alguma coisa quando achar necessário para esclarecer, para quem tiver curiosidade e paciência de ler até o fim

    Antes do acontecimento dessa noite, um fato, que muito me impressionou, aconteceu. Estávamos, eu e a Suzana numa festa, e ela me disse que alguém queria falar comigo. Não vi ninguém por perto e me espantei. Ela me disse que era alguém que me amava muito. Estava estranha, parada, olhos fixos. A banda tocava num tom muito alto, impossibilitando uma conversa. Perguntei se ela queria escrever, em vez de falar. Ela concordou e fez essas anotações:

    Precisas reconhecer o mundo novo. A tua filha precisa de ti. Quem te fala é alguém que te ama muito. Não queiras ser feliz sem tua filha e tua neta. Sê feliz, mas entenda que tua felicidade depende de reconheceres que tua neta faz parte de tua vida. Eu te amo muito. Sou alguém do passado, que te criou, que te conheceu. Sê feliz, tu mereces. Já sofrestes demais. Sei que tu sabes quem sou. Não estou mais contigo. Tu és muito especial. Não tenhas medo, serei tua protetora e serás muito feliz. A tua filha vai encontrar a paz com teu amor. Tu terás sempre o amor de tua neta.

    Fiquei com medo, apavorada! Não sabia o que estava acontecendo! Sabia que eram palavras que tentavam acalmar meu coração, mas o que seria que estava acontecendo? Saímos da festa e fomos para casa, e como Suzana estava cansada, fomos dormir. Foi nessa noite que aconteceu o estranho monólogo. Novamente meu coração disparou! Aquela voz muito baixa, Suzana imóvel, olhos fechados, falava de minha infância, que eu seria feliz, e repetia muitas vezes que eu precisava dar " um passo de cada vez" . Era tudo num tom carinhoso,me chamava de Verinha Quando silenciou, fiquei ainda com mais medo:

começou a tremer de frio. Não parava de tremer e de se encolher. Eu a abracei, coloquei todas as cobertas que tinha em cima dela e aos poucos foi se aquecendo. Olhou para mim, disse que estava cansada e adormeceu. De manhã cedo, não se lembrava de nada. Como era o dia que eu ia mudar de casa e ainda tinha muitas "caixas" para terminar, deixamos esse assunto para discutir depois.

Casa nova! Final de construção! Tudo era novidade e todos pareciam felizes com a nova vida. Nessa época, faltando um mês para que me aposentasse, meu tempo se dividia entre o serviço e a nova casa. Como todo mundo, achei que precisava continuar a fazer algo. Conhecer novas pessoas, outras perspectivas de trabalho. As pessoas que já se aposentaram, ou que estão prestes a se aposentar, compreendem o que estou falando. A gente fica um pouco insegura, sem saber ao certo o que fazer, como enfrentar essa nova etapa da vida. Mas, como nunca me dou por vencida, não seria agora que entregaria os pontos. Ao mesmo tempo ia crescendo dentro de mim uma vontade de abrir um bar, experiência completamente nova, pois sou engenheira e exerci durante muitos anos a profissão. Fora isto trabalhei junto a movimento populares. Mas, gosto de desafios e comecei a esquematizar como por em prática o sonho.Começamos, eu e a Suzana a fazer planos.

Entre sonhos e trabalho passaram-se dois meses. As manifestações continuavam e não mais me assustavam. Muito pelo contrário, aqueles encontros começaram a fazer parte de minha vida. Eu esperava ansiosa a vinda da

Suzana à minha casa. Embora não entendesse muito bem o que se passava, sabia que tal fenômeno só ocorreria com a presença dela. Um dia, que sabia que ela viria, fui ao centro, comprei um gravador, uma fita e deixei tudo preparado para que, na hora que tudo começasse, eu pudesse gravar e depois mostrar para alguém o que estava acontecendo Imaginem a minha ansiedade quando percebi a " chegada" dele. Pedi licença, perguntei se podia gravar e liguei o gravador. Mal ele se despediu, rebobinei a fita e, que decepção, nem uma palavra, só um barulho que parecia de um mar agitado, ou do vento. Fiquei triste, mas resolvi tentar escrever de memória o que havia escutado:

  Existem pessoas que mesmo sem muito conhecimento, mesmo sendo simples, conseguem fazer coisas maravilhosas.

  Os animais e as plantas também são planejados. Todas as criaturas têm um papel importante e nada acontece por acaso.

  Tudo está em harmonia no Universo. Tu tomastes um novo rumo, passando por muitas etapas, fostes te aperfeiçoando, tudo faz parte do Universo.. Não sabemos se vamos ter novas vidas. Isso é o mistério.

  O mundo está mal. Pessoas passam miséria, crianças sofrem, não por culpa do Criador, mas da maldade dos homens, da ganância, da inveja.

  Nunca deixes algo impedi-la de amar. Obter as coisas não nos afasta do amor aos homens, mas, se para obtê-la,s pisamos nos outros, aí não temos amor.

Cada pessoa acredita em determinada coisa de acordo com seus conhecimentos. Tu também tens o dom do conhecimento e não te conformas com as respostas simples. Vai procurar a verdade.

Estamos juntos há muito tempo. Somos amigos. Por que tu falas com intermediários?Fala direto com o Senhor. Ele é Pai. Tudo perdoa, mas é enérgico e, às vezes, nos repreende. Ele é amor.

Não posso interferir nas coisas terrenas, só o Senhor pode. Há coisas que não devo falar...

Tens persistência. Não desistas.

Deus mandou Seu Filho para expiação de todos os pecados.

Sentir saudade não é ruim, é bom, mostra que temos sentimentos, que sabemos amar.

Ainda não compreendia o que estava acontecendo, as mensagens eram estranhas: " um passo de cada vez" , " tu tens o dom do amor"...,"tu és o sal e a luz das pessoas". Ouvi essas frases muitas vezes e não conseguia saber quem falava comigo. De onde vinham as mensagens? Por que eu? Ouvi também muitas vezes o conselho para procurar outra pessoa que iria me ajudar. Achava que era minha amiga Isabel. Afinal de contas,ele havia dito que ela era meu guia,que me daria a mão. Como insistia na mensagem "procure uma pessoa ela vai te ajudar' ,conclui que seria outra pessoa.

A Isabel havia me emprestado vários livros, entre eles um que se chamava " Pergunte ao seu Anjo"[1] e, ao mesmo tempo, me indicou alguém que poderia me orientar Ao telefonar para essa pessoa,mal comecei a falar,ela me disse que era meu anjo que estava se comunicando comigo. Achei uma coincidência muito grande,pelo fato de eu estar lendo um livro sobre anjos. Naquele dia,quando houve a manifestação, perguntei-lhe:

–Tenho ficado muito tempo pensando e não me sai da cabeça a idéia de que você é um anjo. Por favor, me diz quem você é!

Ele não me respondeu com palavras, mas fez uma carinha encolhida, apertando bem os olhos, como as crianças, quando são descobertas fazendo alguma travessura. Despediu-se desejando muita paz

A grande revelação veio no "encontro' seguinte, quando ele voltou ao assunto e falou-me que tinha sido repreendido. Achei muita graça no fato de que os anjos também levam "bronca" de Deus. Mas não era piada,era sério. Pedi-lhe novamente que me confirmasse se era meu anjo, pois eu havia me lembrado do anjo da minha infância, o anjinho Gabriel, por isso perguntei-lhe se era o Arcanjo Gabriel.

Ele me disse:

– Gabriel é o mensageiro da boa nova. Eu sempre,sempre estive contigo.

---

[1] "Pergunte ao seu Anjo" — Alma Daniel, Timothy Wyllie e Andrew Kamer — Editora Pensamento, São Paulo 1992

Alexandre - 8 anos

Imagine a minha emoção ao ter essa confirmação! A partir daí nossa amizade floresceu! Eu sou tratado com tanto carinho por um dos mensageiros de Deus, que fico até confusa, pois não me acho digna de tal privilégio.

Sentia que estas mensagens eram importantes e deveria documentá-las. Havia comprado um outro gravador, e aos poucos fui conseguindo fazer gravações melhores. Eram momentos sublimes para mim, que me alimentavam.

– Tu estás no caminho certo. Não fiques desanimada. Teus filhos precisam de ti. Precisam de teu apoio. Não desanimes, um passo de cada vez, tu vais encontrar o caminho. Tu tens o dom do amor. Não fiques muito ansiosa. Tu tens luz no teu coração, luz do amor. Tu não tens visto a luz. Procura ver o caminho. As pessoas que te amam vêem a luz do teu coração. Tu precisas encontrar o objetivo de tua vida sozinha. Não, *fiques triste, tu vais encontrar. Procura em todos os lugares as coisas boas. Todas as pessoas têm coisas boas e ruins. Fique com as boas, não te importes com as ruins. Ninguém tem poder, o conhecimento é poder. Devemos dividir o conhecimento, porque só assim, partilhamos o poder. Quem não compartilha se isola. Nós falamos por códigos, não por palavras. Temos que adaptar os códigos às palavras. Tu tens facilidade para compreender, por isso nós podemos nos comunicar. A Suzana é uma pessoa. Não pode ser confundida comigo, eu sou só a mensagem. Todos viveram aqui na Terra, inclusive Deus, através de Seu filho. Se Ele não tivesse vivido aqui, não poderia ser um bom Pai.*

  Continuava conversando algumas vezes com a Isabel. Comecei a perceber que minha vida estava tomando um novo caminho e acredito que a conheci para que pudesse encontrar esse novo rumo. Existem pessoas que têm dificuldades para acreditar em fenômenos espirituais.

  Precisam de provas, de alguma coisa concreta. Sou assim e por isso, quando o Gabriel me falava que eu podia ouvi-lo, através de meu coração, eu não acreditava. Sempre achava que o que eu ouvia era o meu pensamento e por isso só conversava com ele, quando a Suzana estava presente. No meio da procura, de tentar compreender melhor as mensagens do Gabriel, encontrei pessoas espíritas, que se reuniam em um Centro Espírita, cujo dirigente era o Isaias. Lá, eu e a Suzana conhecemos pessoas interessantes. No início, não deram muita importância quando contamos sobre as visitas e mensagens do Gabriel, mas em todos os nossos encontros aproveitava para colocar os ensinamentos dele. Ficamos interessadas nos trabalhos que desenvolviam lá. Foi no meio dessas pessoas que eu comecei a pensar, pela primeira vez, que existia mais alguma coisa além dessa vida. Conforme nos disse o Isaías, todas as pessoas são médiuns, ou paranormais, e eu fiquei muito interessada quando começamos a treinar psicografia. Pensei que talvez o Gabriel pudesse se comunicar comigo através da escrita. Outro dia, conversando com meu anjinho, falamos sobre o Centro do Isaías .

– *Verinha, é mais fácil a comunicação verbal do que a escrita. A energia lá, é voltada para a saúde.* - Explicou-me o Gabriel.

– Mas, por que o Isaías não confia na Suzana? Ele não acredita que as manifestações que se passam com ela são verdadeiras? - fiquei preocupada...

– *Muitas vezes acredita, outras vezes tem dúvidas. O que se passa com a Suzana lá, trás dúvidas a ele.*

– Ele acha que ela está fingindo?

– *Ele não consegue compreender o que se passa com a Suzana, pelo fato dela atuar a nível inconsciente, isso é, não tem lembrança do que se passa durante a manifestação.*

-Eu achava que ele não conseguia alcançar, que ele não conseguia te ver.

– O Isaías tem mais confiança na tua força espiritual.
– Já eu não confio, às vezes fico pensando que estou lá perdendo tempo
– *Já falamos que nada na vida é perda de tempo. E, Verinha, não deixes de amar, nunca deixes de receber as pessoas que precisam de ajuda. Tenhas sempre um coração de criança, mas sê dura quando necessário. Não deixes a alegria sair de ti, o teu riso alegra a vida das pessoas. Não fiques triste, os pequeninos, todos eles, estão próximos a Deus* (nessa frase Gabriel fez referência à morte, por afogamento ,do filhinho de uma amiga.Foi um momento muito difícil para todos.) *Segue teu coração e dê um passo de cada vez.*

Durante o mes de outubro a nossa preocupação era com a abertura do bar. Havia falado para o Gabriel que pensava em abrir um espaço, onde as pessoas fossem mais para conversar, para encontrar amigos,do que para beber.Queria um lugar alternativo, meio místico, com duendes, anjos, incensos...Na impossibilidade de concretizar esse sonho, no momento, achei uma solução intermediária, um bar de praia, com um pouco de artesanato e muita conversa. Mas estava difícil de se concretizar, não conseguíamos retirar a documentação necessária para abrir o estabelecimento. Eu andava muito nervosa, aborrecida mesmo. Achava que, se as coisas iam mal, então eu talvez devesse desistir da idéia. Eu tinha um anjo, meu amigo, e não conseguia resolver os problemas com papeladas e falta de dinheiro. Como será que isso funcionava? Deus não colaborava? Confesso que cheguei a duvidar de tudo que estava acontecendo. Fiquei com raiva, falei de minhas dúvidas com Suzana e ela também me disse que já não acreditava mais em nada. Porém,quando me acalmava, chamava o Gabriel, mas ele não vinha. Muitos dias se passaram até que ele viesse me responder:

– *Verinha, Verinha, andas tão triste, tão preocupada, tão ansiosa.*

– Estou muito ansiosa com a abertura do bar, não sei se vai dar certo, mas acho que não devo perguntar...

– *Queres saber? Vai depender do esforço de vocês, da vontade. Tudo depende de vocês. Tudo começa devagarzinho, Verinha, tudo é demorado. Mas, se tens um objetivo maior, então vai fazendo as coisas acontecerem. O trabalho que tu queres fazer agora é muito bonito. Não penses que é pouca coisa, é muito grande e difícil o teu trabalho.*

– Eu sei. O meu primeiro objetivo era abrir um bar onde todos fossem aceitos, sem discriminação. Não queria um lugar onde só houvesse intelectuais, ou pessoas de determinada classe social. Acho que um lugar assim só contribui para colocar rótulos nas pessoas. Fico muito triste por existir tanto preconceito entre os indivíduos. Falando em preconceito, gostaria de saber sobre os homossexuais, o que você acha? Qual o sentido dessa existência? Fala-se muito sobre isso, se as pessoas nascem diferentes ou optam por não terem fronteiras no amor.

Mas são tão discriminadas, sofrem tanto...Se é só opção, será que tem sentido? Será justo?

— *Verinha, o Pai ama a todos os seus pequenos. Todos os seres viventes. O homossexualismo é uma forma de amor, mas não podemos simplesmente considerar que uma pessoa é mais sensível do que a outra somente porque é homossexual. O homossexualismo, tanto o feminino, quanto o masculino, é uma busca do companheirismo, é uma busca da pluralidade maior. Há uma descoberta interior, dentro dessas pessoas, que são diferentes umas das outras. O Pai nos dá opção, opção de escolha de nossas vidas e nossos caminhos. Há pessoas que escolhem por sua livre vontade a opção de vida; outras sofrem influências externas muito fortes. O Pai nos mostra que todas as pessoas que fazem a opção de maneira consciente, demonstram sinceridade e uma compreensão muito grande dos sentimentos. E quanto ao bar, Verinha, pergunte...*

— Perguntar?

— *Sim, Verinha, fala o que te aborrece e eu vou explicando, assim não gasto muita energia da Suzana.*

— Por exemplo, a gente não consegue tirar as certidões para abrir o bar. Parecia tão fácil e de repente ficou tão difícil.

— *Muitas vezes as coisas acontecem com dificuldades, para que a gente dê a elas o devido valor. Em outros momentos as dificuldades são impostas pelos próprios homens, pelo egoísmo, de não ver as outras pessoas como seres humanos, de não ver as dificuldades de cada indivíduo. Muitas vezes as leis só servem para as pessoas dependerem daqueles que têm o poder nas mãos. Deixe-me explicar-te, às vezes as dificuldades estão na forma que estamos encaminhando as coisas. As dúvidas somos nós mesmos que colocamos, nas ocasiões em que começamos a desanimar, não querendo enfrentar....Hoje falastes algo muito bonito para sua filha e para Suzana ao tentares explicar, através do poema "Pegadas na Areia"[2] porque não devemos desanimar. Mas uma coisa tu não compreendestes e eu tenho que explicar-te: não foi por causa de tuas dúvidas que não estive aqui presente, que não respondi a teus chamados. Foi porque temos que respeitar a vontade de cada indivíduo. Como não acreditas em teus pensamentos, só acreditas quando alguém fala, quando é verbalizada a mensagem, não pude me fazer presente. A Suzana não queria receber-me por causa das dúvidas dela e era um direito dela. Estavas pensando e eu estava lá, no teu coração. Se escutas teu coração...escutastes?*

---

[2] "Pegadas na Areia": — José Spera, Texto "...Senhor, tu não me dissestes que, tendo eu resolvido te seguir, tu andarias sempre comigo, em todo caminho?/ Contudo notei que durante as maiores tribulações do meu viver, havia apenas um par de pegadas na areia./Não compreendo porque nas horas em que mais precisava de ti, tu me deixastes sozinho/ O Senhor me respondeu:/ Meu querido filho, jamais te deixaria nas horas da prova e do sofrimento./ Quando vistes na areia, apenas um par de pegadas, eram as minhas./ Foi exatamente aí que eu te carreguei nos braços." — Edições Paulinas.

— Eu tentei, mas não consegui, é muito difícil para mim.
— *Basta ter fé.*
— Eu não consigo, acho que tenho pouca fé. Só acredito no que vejo. Se você fala comigo, eu acredito, mas senão acho muito difícil! O que você achou da idéia da Isabel?

Nesse momento o Gabriel não respondeu, mas deu um pequeno sorriso, quase imperceptível. E eu continuei:
— Não precisa responder, é um golpe.
— *Não, não é um golpe. É porque tu, às vezes tens dúvidas.*
Vou explicar o que chamei de golpe. A Isabel havia me sugerido escrever um livro. Eu ainda tinha dúvidas se a Suzana poderia interferir nas minhas conversas e resolvi testá-lo, falando de um assunto que a Suzana não tinha tomado ciência. Quando percebi que ele sabia sobre o que eu estava falando, fiquei um pouco mais convencida e continuei a minha conversa.
— Gabriel, outra coisa que acho muito difícil é rezar.
— *Sim, é difícil, porque a oração exige doação, dedicação, concentração. Gostaria de ficar bastante tempo, mas sei que a Suzana vai precisar descansar, porque ela teve hoje um dia agitado e eu não posso forçá-la demais. Podemos conversar só mais um pouquinho.*

— Eu rezei, rezei de verdade para você não ser repreendido, pois descobri seu nome sozinha, não foi você que me disse.

— *Tu és tão pura. Tens um coração tão puro para certas coisas. Há pessoas que são assim a vida toda, têm pureza de espírito. Estavas tão ansiosa para conversar comigo e quando venho ficas só me olhando, pensando... Verinha, às vezes gostaria muito que pudesses me sentir perto de ti, embalando teu sono. Tenho vontade de pegar-te no colo, embalar-te quando estás triste, insegura, com medo de dar o próximo passo. Ás vezes gostaria de falar-te na frente das outras pessoas, mas a mente não permite. Nem todos estão em paz, tranquilos. Não é só acreditar, a pessoa tem que ter pureza de espírito, ser honesto, ser justo. Ás vezes não se vê sentido na pureza, na honestidade, mas há sim; isto é algo que nos dignifica.*

— O que achou da idéia que a Isabel me deu, de escrever um livro?

— *Isto é muito bom, dividir, partilhar informações. A Isabel tem um coração muito bondoso querendo partilhar, dividir. Fica em paz.*

É engraçado como a gente pode passar anos de nossa vida se lamentando ou achando que não é feliz, ou buscando o amor. Mas, se pararmos e olharmos a nossa volta, veremos que somos privilegiados. O sofrimento existe, é verdade, mas podemos ultrapassá-lo e ver além. Quando penso hoje no amor que tenho ao meu redor vejo o quanto sou rica. Meus filhos, minhas amigos e, além de um anjo, a Rachel, minha netinha que me dá seu amor, sem pedir absolutamente nada em troca. Amor sem cobrança, sem censura, sem interesse! Um amor verdadeiro que me enche de paz e alegria. Um dia, conversando com ela falei-lhe de meu anjo e ela disse que o dela se chamava Morango. Gabriel me disse:

– *Todos os anjos têm um nome original, mas o mais importante é ser chamado por um nome de alguma coisa ou de alguém que gostamos muito. O anjinho dela é Morango.*

Durante o verão de 1996, poucas vezes falei com o Gabriel, pois,com a abertura do bar, um trabalho completamente novo, cansativo, que muitas vezes o Gabriel dizia que tinha vindo a noite e eu não o escutara .Sempre tinha conselhos que me ajudavam a viver melhor a vida.

Quando tinha problemas com o bar, ou com os filhos, logo vinham conselhos que me faziam enxugar as lágrimas, corrigir meus erros e aceitar todas as diferenças.

– *Muitas pessoas não conseguem demonstrar amor. É uma pena que só descubram depois, através de sua caminhada, que poderiam ter amado de forma diferente. Aí, passam a amar com mais intensidade e demonstrar isso. Para algumas pessoas, não ter exclusividade dentro da vida de alguém, só trás revolta. Vão ter que evoluir, para então, descobrir mais tarde o amor que sentem.*

A vida estava aos poucos entrando num ritmo normal; com o término do verão, fechamos o bar. Suzana vinha poucas vezes à minha casa. Eu e meus filhos dividíamos os serviços domésticos e uma vez por semana ia passar umas horas com minha Rachel.

Comecei a ter mais fé nas orações, embora ainda não compreendesse com muita clareza como funcionavam. Mas sempre procurava sentir meu coração antes de me dirigir a Deus. Com meu anjo, não tinha tanta cerimônia, tinha liberdade para dizer o que pensava e do que discordava. Ele dizia que Deus me ouvia. Muitas vezes ficava triste, pois não entendia o objetivo de minha vida.

– *Verinha, queria vir antes, mas não podia. Precisavas aprender a caminhar sozinha, sentir segurança, escutando seu coração. Tu tens escutado? Algumas vezes não acertas, mas outras vezes sim. Continue caminhando, mas sempre um passo de cada vez. Lembra-te: um passo de cada vez. Não fiques triste. Você precisava aprender que a tristeza passa, que tudo melhora. Tens feito tudo com muito amor. Estás ajudando a construir o Universo com teu amor, pois o amor é a melhor forma para se modificar o Universo. Estarei sempre ao teu lado, virei muitas vezes, mesmo que seja através de uma luzinha.*

O significado de vir através de uma luzinha é o seguinte: estava dirigindo, em uma noite escura, chovia muito, não conhecia a estrada e, o temporal quase não me permitia ver nada. Os faróis, em sentido inverso, me cegavam. Entrei em pânico, achando que não ia conseguir me orientar. Instintivamente rezei e pedi que meu anjinho me guiasse. Percebi que muito à frente, um carro corria. Se eu fosse um pouco mais rápido poderia alcançá-lo e me guiar pela sua lanterna traseira. Me agarrei àquela luzinha vermelha como a uma tábua de salvação, sem duvidar que me levaria , no meio de toda aquela escuridão ao meu destino. Cheguei sã e salva e percebi que Gabriel tinha dado uma mãozinha!

II

Uma Missão

"...porque não há nada oculto que não deva ser descoberto e nada secreto que não deva ser conhecido e divulgado"
(Lc 8,17)

No final de fevereiro, tive a sensação de que minha missão seria juntar todas as minhas conversas com o Gabriel e montar um livro. A Isabel já havia sugerido, mas eu não me achava a altura de tal empreendimento. Perguntei à Suzana se me ajudaria, pois compartilha comigo as visitas do Gabriel, é jornalista, dinâmica e acredita que podemos. Concordamos que iríamos tentar, mas antes consultaríamos o Gabriel.

– E sobre nosso livro, o que acha? Você sabe que nós estamos pensando em escrever, não sabe?

– *Lembras de quando falamos em compartilhar? Toda forma de amor que damos estamos compartilhando, nosso conhecimento, nossa vontade. Colocarmos as nossas posições é a melhor forma de trocarmos conhecimento.*

– Eu entendo, mas vamos precisar de sua ajuda, você é nossa inspiração.

— *A força de vontade de uma pessoa, e sua fé, são a sua inspiração. Precisas começar a escrever todas as informações que estão na tua mente e em teu coração.*

— Você acha que a gente deve escrever sobre você, isso é, com as suas palavras?

— *Verinha, a ideia de escrever um livro é algo muito bonito. Deve ir sendo escrito, primeiro acumulando todas as informações que achas necessário. Depois vá analisando cada informação, consolide-a e registre o que for mais importante. O livro deve ser algo para compartilhar, as dúvidas, as descobertas. Se o livro for usado como um instrumento de conhecimento, virá completar tua missão de amor. Ele faz parte do ensinamento: "um passo de cada vez", se vier a ser usado de modo justo, correto, positivo. Não quer dizer que as pessoas não vão ter dificuldade de entender, pensa, quem quer publicar algum livro vai ter dificuldades, mas deve insistir. Sente o que vai no teu coração, segue as tuas idéias. Verinha, esse livro trará uma mensagem de amor, que é vida para as pessoas. Apresentará a mensagem da tua existência, das tuas dúvidas, mas também das tuas descobertas. Os indivíduos sentirão que têm a possibilidade de também descobrirem junto.*

— Não sei, não sou escritora, tenho vontade, mas falta alguma coisa.

— *Verinha, quantas vezes precisarás de incentivo para acreditar? Não é de uma hora para a outra que as pessoas vão se interessar. Já te expliquei que todas as coisas são lentas. Não é pelo fato de ter sido inspirado por um anjo, que as pessoas vão se interessar pelo conteúdo. Tudo dá trabalho e tem de ser colocado de forma a que as pessoas se interessem, e isso requer tempo. Vocês estão juntando as informações. Posteriormente irão montar de uma forma atraente, pois tudo que queremos alcançar requer esforço, requer paciência e força de vontade. Estes são os primeiros passos: as informações. O decorrer da caminhada se tornará a parte mais pedregosa. A compensação dessa caminhada é a chegada; um sabor e gosto de verdadeira vitória. Por isso não pares nunca de transmitir. O teu coração é muito bonito, trás muitas mensagens.*

– Sabe, aquele comecinho do livro? Não achou muito infantil?

- *Não, não é infantil, às vezes a simplicidade transmite muito mais, deixe para Suzana o rebuscado.*

– Gostei!

– *A vida de cada indivíduo é uma construção constante. Há pessoas que param quando acham que já alcançaram seu limite. Outros vão crescendo, buscando mais conhecimento e, cada vez mais, se aproximando do Pai. Eu poderia saber que "talvez" tu tivesses vontade de escrever, mas nunca teria a certeza se escreverias ou não. Como damos "um passo de cada vez" , quando vamos acreditando naquilo que queremos, quando vamos descobrindo para nós a razão de viver, buscando, não desanimando. Por isso eu digo para não desanimares.*

Não devemos abandonar a vontade de viver, senão perdemos tempo, tempo de vivermos felizes, tempo de amarmos. Não é só um livro, são compilações de informações que nos levam para junto do Pai, e nos fazem ver o mundo de forma mais bonita. A Suzana vê as coisas de forma diferente...
    – Mas ela não consegue falar com o anjo dela!
    – *Ela nem tenta...*
    – Nem tenta?! Acho que ela tem medo!
    – *As pessoas são assim, elas não tentam. Ás vezes até acreditam, mas se perguntam: por que eu teria esse privilégio? E aí desistem.*
    – Ah! Tem uma coisa que quero lhe perguntar e sempre me esqueço. Com referência aos escritos feitos pela Suzana no início. De quem eram as mensagens?
    – *No teu coração, achas que era eu?*
    –Eu acho que era, mas às vezes acho que era alguém que viveu comigo, minha avó.
    – *Não era eu. Eram as energias das pessoas que querem te dar amor, que fazem toda força para não desanimares. Somente algumas pessoas sensíveis conseguem compreender.*
    – Mas você é muitos?
    – *Uma corrente de Luz. Verinha, tens que tentar... continua procurando as respostas.*
    - Estou tentando. A gente tem que dar um passo de cada vez... Será que você também tem que dar um passo de cada vez?

– *Numa proporção um pouco diferente...Verinha, essas e todas as coisas, tudo que se passa, o amor, o carinho, chegam a nós nas diversas formas de energia para que possamos nos aproximar do carinho daqueles que nos amam. Não existe uma quebra na vida da gente. É algo crescente, principalmente, para aqueles que buscam o conhecimento e a verdade. Para ti, as coisas não ficam estagnadas, existe uma evolução.*

- Então o Isaías estava certo. Ele disse que a vida continua e precisamos ir sempre crescendo.

–Verinha, cada pessoa tem um amigo, um amigo que a acompanha, um amigo que está próximo. Acredites, este amigo vai ser sempre um amigo independente dele também estar evoluindo ou não.

– Então, você também muda?

– *Estas crescendo de uma forma e eu de outra. Mas, teu carinho, teu amor, tuas dificuldades e tua forma bela de ver a vida me fazem crescer e aprender. O Senhor é bom, e Ele me coloca próximo às pessoas de grande amor, para ajudar o mundo com o amor dessas pessoas. Tudo parece tão difícil no início. Existem dificuldades para dar o primeiro passo. Mas depois, começamos a construir nossas vidas de maneira coerente, começamos a descobrir respostas, a dar passos e as coisas se tornam mais fáceis. Devemos seguir nossos caminhos; devemos sempre buscar as possibilidades de nossa existência, saber o que queremos e, nessa busca, há um senso de respeito por nós mesmos, um exercício de amor. Fica em paz.*

Março de 1996! De repente comecei a ficar com medo. Por que isso estava acontecendo? Tenho muitas dúvidas. Quem é Deus? Como é o amor de Deus? Por que os homens sofrem? Será que existe reencarnação? Será que todos reencarnam? Será que vou fazer as pessoas compreenderem? Será que não vou falhar? Sinto solidão. Gabriel diz que nenhuma carga é tão pesada que nossos ombros não possam carregar. Eu acredito nele. Sempre fui corajosa e não gosto de desistir do que começo a fazer. Nessa época eu e Gabriel já éramos grandes amigos. Percebia claramente o momento que ele queria falar comigo. Nessas horas perguntava para Suzana se ela não se importaria em recebê-lo. Quando concordava, bastava fechar os olhos, se tranqüilizar e, em pouco tempo eu escutava um oi, sussurradamente. Muitas vezes, mesmo eu estando com os olhos fechados, percebia sua chegada, antes de escutar sua voz. É uma energia calma, envolvente...

Gosto muito de ouvir sua conversa e escutar o seu riso. Sua voz é muito gentil e ele gosta de explicar tudo em detalhes. Percebo que, atualmente, ele usa algumas vezes, palavras próprias de nosso vocabulário. É como se fosse aprendendo com o nosso dia a dia. Conhece todas as pessoas que conheço, mas sabe mais detalhes da vida daqueles que tenho mais intimidade.

Quando tenho alguma dificuldade, ele me ajuda a analisar os prós e os contras, mas nunca me diz o que devo fazer. Sempre me manda consultar meu coração. Fica triste quando estou triste e muito se alegra com os meus bons momentos. Gabriel é uma espécie de coordenador e por isso, tem sob sua " guarda" muitos anjinhos que deve instruir. Os anjos de meus filhos e das pessoas mais chegadas a mim estão sob sua responsabilidade.

Hoje, já percebo se falamos demais, se há gasto de energia e a hora que ele deve se despedir para não cansar demais a Suzana. Por isso, quando ele vai embora, a Suzana, ràpidamente, se recupera e já não sente mais aquele frio, que parecia vir de dentro dela.

– *Verinha, o que te preocupa tanto?*

– O entendimento do amor de Deus. Não posso escrever o livro sem entender.

– *O amor de Deus é o amor de Pai.*

– Mas por que Ele permite tanta maldade e não impede, por exemplo, o sofrimento de crianças que passam fome, que são sequestradas, estupradas?

– *Quando o Pai criou o Universo pôs tudo à disposição dos seus filhos. Colocou as boas coisas, disponíveis, para que o homem pudesse ter dignidade, simplicidade . Deu-nos a consciência do certo e do errado, bastando buscar essa consciência, que está dentro de nosso coração. Os homens têm a liberdade para escolher entre o amor ou o ódio. Se o Pai interferisse tiraria a liberdade. Ele aconselha. A cada passo, as pessoas* conseguem compreender e continuar a caminhada para perto do Pai. Mas também podem se afastar. Seria mais fácil o caminho, se escolhessem em vez do ódio e do egoísmo, o amor. Mas o Pai quer que todos tenham liberdade.

– Mas por que algumas crianças têm que sofrer?

– Todos os que fazem sofrer o próximo, terão outra chance. Mas aquele que aqui sofre será acariciado, carregado no colo, será consolado, será cuidado. E aquele que fez o outro sofrer, ficará frente à frente, com aquele a quem machucou, a quem fez sofrer. Temos muitas coisas erradas no mundo para questionarmos. O fato de questionares é muito importante, pois visa o esclarecimento, tirar as dúvidas, buscar e divulgar a verdade. Se pudermos atenuar um pouquinho a maldade deste mundo, se pudermos fazer com que as pessoas amem um pouco mais nessa existência. Temos responsabilidade sobre todos os que aqui estão. Não podemos esperar outra existência, outras vidas, nem mesmo o próprio paraíso que liberta, para aqueles que acreditam, para modificarmos nossa vida.

– Mas o que a gente deve fazer para melhorar um pouco a vida das pessoas?

–Precisamos assumir a nossa responsabilidade pelas outras pessoas, pois cada indivíduo que se omite na sua parcela de amor está permitindo que o outro venha a sofrer. O amor é algo que as pessoas precisam compreender. Não é o fato de ter casas, carros, que o faz pecador, mas o desperdiçar exclusivamente com ele próprio. É a ganância que o faz adquirir sempre o melhor, impedindo-o de colaborar com os outros. Também não é só dar esmola, o mais importante é a convivência, o envolvimento, o doar-se, o trazer para perto de si o problema do outro, o envolver-se com os indivíduos. O Pai quer que, através do amor, seus filhos compreendam isto. Quer que seus filhos descubram por si, pois se lhes desse tudo pronto...Conforme a existência, uns ficam mais perto do Pai, outros mais longe. A caminhada pode ser mais longa ou só de pequenos passos.

–Você já está pertinho do Pai! Vejo pelo seu sorriso que acertei!.Você disse que o Pai era bondoso e o colocava perto das pessoas de Luz..Você está junto das pessoas ao mesmo tempo? Ou são épocas diferentes?

– Verinha, a onipresença é um dom somente do Pai. Nós, que somos pequenos, comparados com a grandiosidade do Pai, já temos um pouco da sua Luz! Imagine um grande sol, onde cada anjinho faz parte de um de seus raios. Cada indivíduo que vai evoluindo, vai fazendo parte destes raios de Luz. Deste modo, as pessoas ao evoluírem estão cada vez mais próximas do Pai. Na minha simples existência, na minha caminhada, estou próximo das pessoas que têm o dom do amor. Cada indivíduo que evolui é uma energia que amplia a luz de Deus e está cada vez mais próximo de compreender o que é o amor, o que é a bondade e até o que é o Pai. Depois passa para outro estágio e assim, quantas vezes for necessário. Graças à bondade das pessoas, por elas quererem descobrir o amor dos indivíduos, tenho esse caminho aberto, para não deixar as pessoas desanimarem.

–Certo. Os anjos amam, mas também se abraçam? Você pode me abraçar?

Alexandre - 8 anos

– Uma luz, quando encontra outra, se funde. Assim é um abraço de anjo. Então pense na força de um abraço que um anjo pode dar!

– Mas é assim gostosinho? Se sente como um abraço?

– O carinho e o amor são muito grandes.
–Mas você não pode me abraçar...
- *Tu não poderias sentir aquilo que sinto, então não seria justo. Verinha, Verinha, aprende a escutar o teu coração.*
– Mais força do que faço?!
– *Acredita que já estás escutando* (Gabriel falou isso sorrindo parque sabia que eu ia contestar).
–Acredito, mas não escuto. Você fala assim, mas sabe que não escuto. Só mais uma pergunta: Jesus não sabia que era Deus, né?
– *O Pai não disse: 'Não tenho conhecimento deste cálice", mas disse,   " Pai, se for possível, afasta de mim este cálice".*
– Não, isto eu sei. Falo de antes, da infância dele, pois se ninguém sabe do passado dele, é porque ele era uma pessoa comum.
– *A vida dele pode ter sido simples, de amor, tranqüila, comum. Mas era uma vida de aprendizado, pois o Pai espera que aproveitemos o que temos ao nosso alcance. Ele nos dá oportunidade para vivermos inteiramente esta nossa existência. Desde menino, junto com os doutores da lei, já tinha uma inteligência precoce. Ao ser questionado por seus pais respondeu:" Por que vos admirais se estou cuidando das coisas de meu Pai?"*
– Isto eu sei, Gabriel, mas Ele não poderia ter sido inspirado por um anjinho? Se Ele já soubesse que era

Deus, não seria a mesma coisa que viver como homem, seria diferente.
— *Ele não sabia que era Deus, mas sabia que tinha algo muito importante para fazer. E Deus mandou seus anjos para cuidarem do menino. Ele tinha o seu caminho. Outra coisa, Verinha, tens que ter disciplina.*
— Não tenho?
— *Queres a todo momento escrever o livro. Te dedicares. Sinto que as vezes exageras, mas é tão lindo ver-te trabalhar! Me sinto tão feliz, traz-me uma grande alegria, pois me sinto mais próximo!*
— Eu sempre fui assim, mesmo no meu dia a dia, gosto de terminar o que começo. Imagine então...
— *Com as coisas do Pai?*
— É, eu quero até mudar, mas não consigo.
— *Não te digo para abandonares as coisas do Pai, isto nunca. Deves manter o respeito, a dedicação. Mas deves enfatizar um pouco mais a construção de teu caminho, não que isto não faça parte deste caminho, faz. Mas há também outras coisas que também irão te levando cada vez mais próxima do Pai.*
— Então eu vou morrer?
— *Proximidade do Pai não significa morte, quer dizer amor, plenitude. Ás vezes, nesta existência estamos muito mais perto do Pai do que depois que morremos. Tenho mais uma coisa importante para te dizer, Deus nos dá liberdade de escolhermos o que é importante. Priorizarmos o que é mais relevante em nossa vida. Para*

ti, a descoberta de tua missão é algo prioritário, mas ao mesmo tempo não podes abandonar a vida, pois tem que estar junto de outras pessoas para praticares a caridade, o amor, a compreensão. Só podemos praticar o amor estando junto dos outros. Deves sim, continuar tua missão, mas não deves te desviares de algo muito bonito na tua vida, que é o amor pelos indivíduos. Por exemplo, a Maria, tua amiga do movimento popular. Vocês tinham brigado. Tu estavas magoada, mas deixaste o tempo passar, a mágoa se acalmar e começaste a recordar os pontos positivos na amizade de vocês. Pois são atitudes como esta, da tua visita à casa dela, da atenção que destes a ela, que enriquecem tua vida. O coração dela ficou alegre com a tua chegada. A essência de tua vida é o amor.

–Então é por isso que você fala comigo? Você falou comigo ontem, quando eu estava sozinha no quarto?

– *Verinha, Nosso Senhor Jesus Cristo, te deu um pequeno sinal.*

–Que medo!

– *Estou para falar de Jesus Cristo, tanto!*

– Para mim, Deus é tão grande!Tenho medo! Não medo Dele. Da grandeza. Ora, eu nunca pensei muito em Deus, só quando era pequena. Não sei nem porque você fala comigo. Nunca fiquei preocupada e acho até que nem acreditava que isso seria possível!

– *Tu amavas! Teu amor é verdadeiro. O Pai busca Seus filhos, no seu amor. Todas as pessoas que amam sem preconceito, sem inveja, de forma não egoísta, estão próximas do Pai e, se estes indivíduos buscam a verdade, conseguirão estar ainda mais próximos. O Pai escuta suas preces. As preces da alma, do dia a dia. O Pai escuta Seus filhos e Se comunica. Tudo é uma questão de tempo, e o amor nos dá perspectivas.*

Continuava frequentando o Centro Espírita do Isaias .Gostava das pessoas, dos treinos de psicografia, mas ao mesmo tempo tinha dúvidas e queria saber se tudo era verdade

–Como funciona o Centro?

–*Todos vêm em busca de algo. Alguns buscam o conhecimento, outros a cura, outros o amor. Nesse Centro todas as atividades são honestas. Há diferentes formas de manifestação e cada um tem suas próprias experiências. Vamos todos para junto do Pai, mas existem várias formas de se chegar até Ele. Se fôssemos todos iguais, se tivéssemos as mesmas atitudes e se agíssemos da mesma maneira, iríamos da mesma forma ao encontro do Pai.* (Era a primeira vez que eu ouvia que todos iriam para junto de Deus; precisava depois perguntar para ele sobre as pessoas ruins.) *Toda pessoa que colabora, que tenta modificar positivamente sua existência, segue seu caminho de encontro ao Pai. Todos temos nossos caminhos a trilhar, temos nossas vontades, as nossas missões.. Vejas por exemplo a autora do livro que tu estás lendo, " Violetas na Janela "³, pode ser que a missão dela seja psicografar livros. As coisas que acontecem nesse Centro são verdadeiras, embora outras não sejam tão reais. Não que sejam mentiras, mas simplesmente fazem parte de reflexos da mente humana; fazem parte das influências que sofre cada ser humano. Devemos estar sempre atentos para escolhermos o que é importante para nossa vida, aquilo que nos ajuda a melhorar.*

– Você acha que algum dia vou psicografar?

– *A psicografia demora. Alguns levam mais tempo. Precisamos acreditar em nós mesmos e diante das dificuldades, não desistir. Devemos aproveitar o que nos é colocado, as experiências, as descobertas. O Pai nos faz acreditar que, quando não desanimamos, as coisa se tornam mais fáceis. O Universo conspira para concretizarmos nossos sonhos. Se simplesmente abandonamos as coisas porque temos dificuldades, nossa existência vai ficando sem sentido. Mas também precisamos ter clareza, perspicácia, inteligência para sabermos quando estamos no caminho certo ou quando devemos mudar o rumo de nossa vida. Mas tudo isso depende de nosso coração e não de alguma força externa ou de algum anjinho. É importante tomarmos decisão! Muito importante! Fique em paz!*

---

[3] "Violetas na Janela". — Vera Lúcia Marinzeck de Carvalho, Psicografia — Editora Petit, São Paulo 1993, 11ª edição.

III

Um Aprendizado

> "...tendes olhos e não vedes,
> ouvidos e não ouvis"
> (Mc8,18)

–Quantas vezes nós conversamos, Gabriel, e você me dizia que posso falar com Deus, que Ele me escutaria e iria me responder. Mas, ao mesmo tempo eu penso que não consigo nem escutar você! Quantas e quantas vezes você me disse que poderia escutar com meu coração e aí eu me concentrava e só escutava os passarinhos cantando na rua! Se nem a você consigo escutar, de quem já me sinto tão próxima, como escutar Deus?
 –Às vezes, quando escutamos com o nosso coração, sentimos uma sensação diferente. Outras vezes nada sentimos, mas somos guiados, pela nossa consciência, para determinado caminho. Muitos indivíduos, quando querem fazer sua própria vontade, dizem que é a vontade do Pai. Muitos se enganam dessa maneira. Mas, quando buscamos o conhecimento, quando somos criteriosos, sentimos o que nosso coração, o que nossa consciência quer, realmente, não de forma egoísta, de uma maneira que só nos favoreça, porque às vezes também nos

favorece, mas de maneira justa, aí sim, estamos escutando o Pai.
— Mas a gente pode se enganar?
— Sim, todos podem se enganar.
—Mas então como vamos saber? Como saber se o que fazemos é nossa vontade ou vontade do Pai? Como saber se, realmente, estamos escutando ou se é nossa imaginação.
— *Quando questionamos, quando estamos atentos ou quando buscamos a verdade e amamos as outras pessoas. Não crês que o Pai, que é tão perfeito, tão puro, que o Pai, que quer o amor de seus filhos, não faria que, no fundo da consciência, as pessoas soubessem qual é a Sua vontade?! E qual é a vontade do Pai?*

Quando amamos ou quando buscamos o dom de amor dentro de nós, aí conseguimos sentir. Cada indivíduo vai descobrindo e aprendendo os desafios de sua vida. Aí está a beleza, compreendes isso? Se alguém se preocupa em descobrir através de seus atos, não julgas que seu merecimento é bem maior? Ás vezes não é bom termos as cartas na mesa, pois o processo de descoberta vai ficando muito fácil. As pessoas têm que seguir o seu caminho. Têm que acreditar naquilo que fazem, pois a construção da vida depende de seus passos. É através das pequenas coisas que se constroem a existência, através do dia a dia. É quando se passa a acreditar na força interior, quando se toma decisões, quando se consegue avaliar aquilo que faz bem e o que contribui para a construção pessoal. Não se deve ceder às influências externas e sim ficar sempre atenta, pois assim estará evoluindo e cada vez mais perto de descobrir seu dom. Veja o caso da Isabel, ela tem que estar sempre atenta. Agora, que pensa em se candidatar , se a decisão partir dela, sem influências externas, estará evoluindo e cada vez mais perto de descobrir seu dom. Descobrir o que é importante para a vida dela, despertar o amor, despertar sua cidadania, despertar o direito que ela tem de ser feliz. (Gabriel fez um intervalo, respirou profundamente e prosseguiu). - O Pai quer que todos descubram o amor. Cada pessoa deve ser feliz, descobrir o sentido da vida, sendo por isso tão essencial divulgares todo o amor. Transmitires que as pessoas não precisam sofrer. Elas precisam amar, compartilhar, descobrir o seu eu interior. Precisam ser autênticas, fiéis e verdadeiras. O Pai mostra o caminho de rosas, o caminho sem pedras. É preciso caminhar, "dar um passo de cada vez". Quando existe um sentimento verdadeiro por outra pessoa, quando se doa inteiramente, sem nada cobrar, está-se amando a Deus. Era isto que sua amiga Isabel queria te dizer, quando disse que amavas muito a Deus.

– Obrigada! Mas você poderia me explicar por que existem pessoas que se dedicam aos outros e aparentemente não são felizes?

– Veja, por exemplo, a Isabel, ela também tem o dom do amor, tem um amor bonito e puro, mas quando deixa a dor, a tristeza, a indecisão, a mentira e o medo *ficarem com ela, perde o dom. Tu não podes ajudá-la, somente ela pode achar o seu caminho.*

Como já te expliquei, tu, a Isabel e a Maria, sua amiga, caminham juntas por caminhos diferentes, por vivências diferentes. As pessoas vão avançando, vão chegando cada vez mais próximas do Pai. Vocês têm que ir se ajudando. Por isso é tão importante, de vez em quando, uma de vocês saber da outra. Cuidar para que nenhuma desanime. Por isso essa ligação tão íntima, porque vocês estão no mesmo patamar.

– Mas era mesmo para nós sermos amigas?

– *Vocês estão juntas porque evoluem juntas, estão próximas, mesmo estando separadas.*

– Então, quando eu morava no Rio, você já sabia que íamos ser amigas?

- *Não existe um destino traçado, mas existem caminhos a trilhar. Se tivéssemos um destino definitivo, traçado, único, não adiantaria termos fé, e suplicar ao Pai que mudasse algumas coisas na nossa vida. Por isso, como já falei, temos um rumo , mas dependendo da nossa fé, nosso amor, nossa caminhada, podemos modificar um pouquinho, aqui e ali. A tua maneira de ser, o teu jeito de amar as pessoas, te aproxima daqueles que também estão evoluindo, dos que estão próximos de ti, que acreditam na mesma maneira de viver, que se doam pelos outros, sem que exista algo determinado. Mas, quando descobrimos o caminho, quando começamos a amar as pessoas, aí somos responsáveis por cultivar esse amor. Tens que ir amando, vivendo, respeitando as pessoas na sua individualidade, nas suas diferenças. Mostrar aos outros a importância de respeitar as individualidades. É tão bonito viver, é tão simples e tão puro. Deus nos diz que temos que amar nossos irmãos. Nós temos tantas preocupações, tantos "grilos", tantas dúvidas. Temos que amar. Perdão, nem te deixei falar.*

– Você sabe que gosto de ouvi-lo e além do mais, acho que você fala tanto porque vem através da Suzana, que é tão comunicativa! Aproveitando que você falou da Maria, me fala, estou preocupada com ela, ela está bem?

– *Verinha, a Maria é um outro exemplo que podemos usar para você ir compreendendo. Se alguém tem próximo uma pessoa que a ama, esse alguém não se desespera. Devemos ajudar, se quisermos que as pessoas sejam felizes, temos que colaborar, mas temos também, que criar oportunidades para que, a própria pessoa se desenvolva. Temos que colaborar de forma que a outra pessoa também vá evoluindo. Não podes mudar a vida da Maria. Tu mesma já descobriste que não adianta tirar a Maria do espaço dela e achar que ela vai abrir mão da vida pela qual optou. Ela até pode ter momentos para sair desta vida, descansar um pouco, mas essa é a vida que ela escolheu. O lugar que escolheu é aquele, uma comunidade de periferia, junto a pessoas humildes. Assim, tens que fazer o melhor dentro dessa existência que ela própria escolheu, pela qual optou.*

Em maio, resolvi mostrar o início do livro ao Isaías. Ele era um homem inteligente e queria desenvolver a psicografia no Centro Espírita dele e confiávamos muito na sua espiritualidade e queríamos ouvir seus comentários e críticas. Quando mostramos o livro ele elogiou, embora não acredite que é o Gabriel que fala comigo, acho que ele pensa que é muita "luz" para mim. Mas nos recomendou que fizéssemos as conversas com o Gabriel uma vez por semana e que durassem somente uma hora, para não gastar a energia da Suzana. Incrível, porque já fazíamos isto por orientações do Gabriel.

– *Oi* - iniciou nossa conversa sussurrando carinhosamente .

– Viu o que Isaías falou?

– *Não querias tanto mostrar a ele? Agora ele já leu.*

– Mas ele não acredita que é você.

– *Vamos marcar uma reunião a três, para falar com o Isaías.*

- A quatro, né?

– *A quatro, tens razão. Vamos esperar que ele marque, mas vamos escolher um local adequado, sem muita gente. Porque o objetivo não é fazer comprovação e não ficar provando às pessoas que isto é verdade.*

– Eu sei. Você já disse que se Deus quisesse mandaria todos os seus anjos aqui na Terra para que as pessoas acreditassem. Outra coisa que não entendo no

Isaías é que ele fala tanto da Bíblia, mas acho que ele pensa que não se deve se dar crédito ao Velho Testamento.

– *Bem a Bíblia é um livro que nos trás temas, que foi escrita contando epopéias, livros históricos, contos, histórias de vida de um povo. A Bíblia tem toda essa diversidade. Ela é de uma determinada época em diante. O Velho Testamento fala de exemplos de vida de outra civilização, fala das leis de Moisés. O Novo Testamento, com o nascimento de Jesus , nos mostra a esperança de vida eterna, o perdão. Esses livros servem para nos guiar. Não se deve levar ao pé da letra, mesmo esses livros que foram inspirados por Deus.*

– Você me disse para ler na Bíblia a passagem do Gênesis sobre Lamec, descendente de Adão e aí eu teria uma compreensão maior. Li, mas não compreendi. .

– *Lamec é uma das formas de compreenderes uma das discussões que acontecem no Centro Espírita do Isaías, a cerca da bondade, das outras vidas e de algo que tanto falam: que aqui na vida estão "pagando" pelos pecados que cometeram. O flagelo e a ressurreição de Cristo são importantes para que possas compreender a plenitude do perdão dos pecados. Temos a possibilidade de continuarmos nossa existência, mas sabendo que vamos continuá-la. As existência são para nos aperfeiçoarmos e não para pagarmos , (nesse instante Gabriel deu uma parada e comentou que falar disso muito o emocionava).Se as pessoas conseguem compreender esta plenitude, não haveria mais* necessidade dos homens optarem por qualquer religião, porque Deus nos apresenta a plenitude da vida, nada mais nos é imposto.

Não digo que as pessoas não devem se guiar pelas religiões que acreditam. Pois, quando acreditamos em algo, e seguimos de coração aberto, estamos buscando o conhecimento. Assim também através das diversas religiões.

Se não houvesse as religiões, como seriam divulgadas as mensagens, as escritas, as nossas idéias? Elas são importantes, mas o indivíduo tem que ser mais importante e Cristo tem que estar pluralizado em todas as religiões.

– Certo, mas na época do Antigo Testamento, as pessoas não evoluíam?

– Sim, mas a vinda de Cristo veio mostrar e dar consciência para as pessoas, dentro de sua existência, de conhecer as coisas e a possibilidade de se aperfeiçoarem muito mais. Nós conversamos sobre o Velho e o Novo Testamento, o Novo nos trás uma mensagem concreta, a existência de Cristo nos mostra a plenitude do amor. Por isso a necessidade do Antigo e do Novo, por isso a dicotomia "antigo e novo", para mostrar que houve uma quebra, para que as pessoas entendam de modo mais claro a mensagem da vinda de Cristo.

Realmente, fica difícil acreditarmos que viemos para pagar nossos erros num lugar tão bonito, com uma natureza tão exuberante. Estamos aqui para crescermos, para nos aperfeiçoarmos, para aprendermos a amar. O amor é a essência da vida.

– Você falou sobre a ressurreição e morte de Jesus. Você disse diretamente para mim? Fiquei preocupada, pensando, será que tenho uma responsabilidade maior do que as outras pessoas?

– *Minha pequena Verinha, cada um de nós só carrega a responsabilidade que suporta. O Pai é justo, senão não seria Pai. Por isso te digo que tens mais responsabilidade por teres o dom do amor, por sentires com intensidade as necessidades em teu coração. Cristo veio para todos, mas só alguns conseguem compreender esta morte e esta ressurreição.*

Mas todos precisam compreender que só carregarão a carga que suportam e nada mais. Já te disse que muitas vezes a grandeza está na simplicidade dos atos. Precisam sempre manter um passo de cada vez, sem querer avançar tudo e resolver todos os problemas de uma única vez. Fique em paz.

IV

Mais Alguns Passos

"...não temas Maria, pois achaste
graça diante de Deus"
(Lc 1,30)

Esta semana escutei uma história que, por alguma razão, não ficou gravada em fita, mas ficou gravada em meu coração. Perguntei ao Gabriel
– Você é mesmo o anjo Gabriel?
– *O que diz o teu coração?*
–Ele diz que é, mas eu queria ter certeza que foi você que anunciou à Maria o nascimento de Jesus. Por que você não fala?
– *Normalmente não falamos o nosso nome, pois pode dar a impressão de que somos pretensiosos. Mas como queres tanto que eu fale, vou te dizer: Eu, Gabriel, sou anjo há muito tempo e acompanho você desde pequenininha. Há muito, muito tempo atrás, fui a uma pequena cidade. Fui levar uma Boa Nova, para uma jovem que tinha uma grande pureza de alma. A notícia era que ela seria a mãe de Jesus. Seu filho sofreria muito, morreria na cruz, mas depois ressuscitaria, pois ele vinha para mostrar o perdão dos pecados.*

Chorei muito, de emoção, durante esta conversa com o Gabriel e ainda não entendo o porquê dele vir falar comigo. Mas uma coisa compreendi, existe uma lógica na vida, nada acontece por acaso. Todo conhecimento fica acumulado no Universo, nada se perde. Por isso, quando queremos algo, com muita força e amor, o universo se encarrega de aproximar o objeto de nosso desejo até nós. Tudo evolui, a Natureza, o Universo e os Seres Humanos.

O Universo está em evolução, acumula conhecimento, se modifica com o amor. A força maior do Universo é o amor. Todos nós chegaremos a Deus, cada um a seu tempo e todos temos um ser iluminado que nos acompanha durante toda a vida

— Tive uma semana confusa.

— *Vou procurar te esclarecer. Cada pessoa busca, algo para sua existência, um sentido para sua vida, almejam coisas diferentes. Alguns indivíduos procuram o amor, paz, segurança, algo que os gratifique. Alguns se empenham por bens materiais, buscando coisas que são importantes para ele. As pessoas têm que viver a plenitude da verdade na existência que elas acreditam, pois somente assim poderão reconhecer a tendência que têm a seguir. Tu deves estar preparada para todos os acontecimentos. Vou te explicar: vives a tua vida, os teus atos, o teu amor, a tua liberdade, não tens medo, respeitas e não escondes o que sentes, pois para ti a essência da verdade é a vida.*

— Não estou entendendo...
— *Te digo para não tentares modificar a vida das pessoas, para respeitares. Estás com o coração aberto para escutares o que cada indivíduo dirá? Nossos atos, nossa vida e nossa verdade podem ajudar a construir a vida do outro, mas Nosso Senhor sempre nos ensina a iniciar os nossos passos e a nossa tomada de consciência e deixar que o outro dê seus passos. Na vida há que se tomar consciência para reconhecer, dentro da capacidade de medir seus atos, a sua verdade. Pois se temos o livre arbítrio é para seguirmos nossa consciência, pois tudo que acontece em nossa vida tem que fazer parte de um ato consciente.*
— Mas você acha que só devo escutar as pessoas e não dar minha opinião?
— *Devemos sempre falar a verdade e seguir os nossos sentimentos, mesmo que os indivíduos, que escutam o que estamos falando, fiquem pensativos e não concordem. Mas, ao mesmo tempo, devemos respeitar cada indivíduo na sua forma de pensar, pois não estamos no lugar dele, não estamos vivendo os seus passos, o seu dia a dia. Mas a verdade precisa ser dita, pois o nosso exemplo pode servir de estímulo, de energia positiva para outros indivíduos.*
— Mas, e na educação dos filhos, devemos respeitar a forma deles pensarem e não dizer o que pensamos? A

mãe deve respeitar, e o pai também? E, se Deus é Pai, qual o lugar da mãe?

— Verinha, sempre deves respeitar a opinião dos outros. A sociedade em que vives é patriarcal, por isso, em determinados momentos, é mais fácil usar amor de Pai para nos referirmos ao amor de Deus. Mas também podes usar amor de Mãe. Para determinadas pessoas é amor de mãe, pois há muitos indivíduos que não conheceram seu pai e outros que foram maltratados por seus pais genitores ou padrastos. Por isso gostaria de deixar claro para todas as pessoas que usando a expressão Amor de Pai, queremos dizer que é amor protetor, que é o verdadeiro sentido da palavra pai.

Pai que ama,
Pai que se orgulha,
Pai biológico, que define o sexo de um filho
Este é o sentido de AMOR de PAI
Mas é correto também falar que Deus é Mãe
Mãe no gerar,
Mãe no acariciar,
Mãe que tudo sabe
Mãe que tudo perdoa,
Este é o sentido de AMOR DE MÃE

— Mas, Gabriel, se Deus é Pai e Mãe, se tudo perdoa, se dá sempre uma nova chance para aquele que faz alguém sofrer, então, algumas pessoas devem pensar: que não é preciso ser bom.

–*Vou te explicar de uma forma fácil, para compreenderes: Um pai tem dois filhos. Um filho que vai à escola, que tira as melhores notas, que vence na vida, que é inteligente, que tem sua família, que lhe dá o primeiro neto, que lhe dá o segundo neto, que tem uma boa esposa, que faz caridade, que pensa nos outros, que ama seu próximo, que vive uma vida digna, justa, que não tem preconceitos...Qual seria a reação do Pai frente a este filho? Suas energias estão próximas, interagindo. As luzes deste Pai e deste filho irão se confundir. E o outro filho? Que não dá valor à vida, que mata, que não tem perdão, que vive uma vida promíscua, que não acredita em nada, que não tem paz de espírito. Como reagiria o Pai, frente a este filho?Iria sofrer, só lhe traria desgosto, sentiria pena, tristeza, melancolia. Este pai buscaria de todas as formas trazer este filho para próximo de si, tentaria cuidá-lo, tentaria mostrar o verdadeiro caminho. Será que este pai estaria sendo injusto? Se o filho que lhe dá tudo, lhe dá amor, continua suas pegadas...e o outro o relega, o magoa, humilha, será que este Pai não está sendo injusto, por buscar aquele que o abandonou? Verinha, o filho que é bom, está dentro do Pai, permanentemente, faz parte da luz do Pai. O outro é digno de pena, de compaixão por parte de seus irmãos. Por isso tem que trilhar um caminho mais longo. Mas o Pai estende o braço para ajudá-lo. Seu filho bom, já vive da luz, traz orgulho ao Pai, traz luz e vive nessa luz, este filho que é exemplo vivo do Pai é alegria, não precisa de misericórdia, pois seu coração é cheio de amor; não precisa de compaixão porque a dignidade impera em seu olhar; não precisa de piedade, pois sabe dar seus passos com firmeza. E o outro? O outro! Que pensa que tudo aproveitou, que pensa que usufruiu da melhor parte...ao olhar para o Pai, encontra nos olhos, em vez de luz, decepção, em vez de amor, compaixão; o caminho é mais duro e a distância da peregrinação é mais longa. Mas o Pai, que a todos os seus filhos busca "que não abandona uma ovelha do seu rebanho" (Mt 18, 12-14/ Lc 15, 1-7), pede a seus filhos, que muito o amam, para ajudá-lo a buscar essa ovelha perdida.*

Marcelo - 10 anos

Gabriel já tinha dito que se os homens compreendessem a plenitude do amor de Deus, não haveria necessidade de seguirem esta ou aquela religião, mas que elas ajudavam a divulgar os ensinamentos.

– Outra vez em relação às religiões. Existe alguma que é mais certa?

– *Se acreditamos na religião que pregamos, no amor, no passo à frente correto, na justiça, na paz, vamos chegar próximos ao Pai. Mas, se não levamos a sério aquilo em que dizemos acreditar, se não seguimos o que nos propomos, se ocultamos a nossa face para as pessoas não poderem nos conhecer ou reconhecer, estamos errando. O Pai nos dá vários caminhos, todos podem nos levar a Ele, mas depende de nós. Já falamos que não será esta ou aquela religião que está certa ou errada. Quando seguimos alguma crença de coração aberto, quando estamos preparados para escutar não só aquilo que queremos... Quando não impomos o que acreditamos aos outros, quando seguimos o que acreditamos, de forma justa e coerente, e não só aquilo que interessa...Quando seguimos o que é bom para o nosso espírito, isso nos dignifica...*

– Mas Gabriel, como saber? O que é certo?

– *Devemos sempre estar atentos, pois na Bíblia várias passagens nos alertam para os falsos profetas, que viriam, deturpadamente, anunciar a palavra de Deus. Pois todo aquele que anuncia e divulga a palavra de Deus é um profeta seu, mas aquele que se utiliza da palavra de Deus, para benefício próprio, este é um falso profeta. Por isso, algumas passagens nos alertam para que não usemos em benefício próprio, não devemos ser falsos profetas e devemos estar sempre alertas para não nos deixarmos guiar por eles. Pois, se um anjo usasse erradamente a palavra de Deus também seria punido, imagina um homem! Muitas coisas, na Bíblia nos são colocadas para analisarmos e pensarmos. Conforme a interpretação que damos entenderemos dessa ou daquela maneira. Temos que saber distinguir quando está sendo usado em sentido figurado algumas passagens.*

– Estive lendo uns livros que a Isabel me deu, "Nossa Ligação com as Energias Superiores"[4] e "A Comunicação com os Anjos e Devas"[5], gostei muito, mas tenho algumas dúvidas

– Estes livros são muito bons para você meditar e ir conhecendo as diversas formas de acreditar no Pai.

– Eu queria entender mais.

–O conhecimento não é algo estanque é mutável. Devemos sempre buscar o conhecimento.É muito importante estares de mente aberta.

– Você acha que devo ir a Nazaré Paulista - SP, para conhecer a escritora Sara Marriot, autora do livro " Nossa Ligação com as Energias Superiores "?

– O que fala teu coração?

– Que devo ir.

---

[4] "Nossa Ligação com as energias Superiores" — Sara Marriott, — Editora Pensamento, São Paulo 1988.

[5] "Comunicação com os Anjos e Devas" — Doroty Maclean, Editora Pensamento, São Paulo 1980.

–Tudo que é colocado no teu caminho são mensagens do Pai. Ele tenta, da melhor maneira possível, a forma de falar-te para que possas compreender. São luzes que Ele te coloca para entenderes melhor Seus ensinamentos.

– Gosto tanto de conversar com você, mas fico triste pensando que um dia você não virá mais...

– Verinha, eu sempre volto, mas as pessoas que estão no teu dia a dia, podem me substituir com facilidade: as conversas com a Isabel, a companhia da Suzana, da Maria, o Pai está em todas elas.

– Conversei com a Isabel, sobre quem é Deus, de que forma se manifesta. Ainda não entendo Deus como algo sem forma.

– Eu sei, Verinha, são formas de pensar, de buscar o Pai. Por isso têm que ser respeitadas.

– Será que meu modo de pensar é correto?

– Cada pessoa tem uma compreensão, que é uma necessidade individual de entender de uma maneira ou de outra. Se for sincera no seu coração e estiver buscando o amor do Pai, todas as formas são corretas. O Pai respeita tua forma de pensar. O Pai nos abre caminhos, mas nós é que temos que ir trilhando. Busca sempre o conhecimento.

– Gostaria de ficar conversando horas e horas.

– Eu sei, mas a vida é para ser vivida e esses momentos são para serem compreendidos. Fica em paz, não fiques ansiosa, estou sempre junto de ti. Devagar

vais conseguir, pois cada vez te sinto mais próxima, teu coração, cada vez mais, se enche de luz e amor.
—Será que vou virar anjo?
— Vai demorar um pouco... (Gabriel falou isso rindo). *Eu gosto muito de estar aqui conversando, mas daqui a pouco, o Pai vem aqui me repreender.*
—Então é melhor você ir, senão lá tenho eu que rezar pedindo desculpas de novo. (Também falei rindo, achando graça de anjos serem repreendidos.)
—*Fique em paz.*
Outro dia o Gabriel me deu conselhos práticos. Eu precisava fazer uma leitura no Centro Espírita do Isaías, e estava muito nervosa, pois fico em pânico quando tenho que falar, na verdade não consigo nem pensar direito e aí, o Gabriel me ajudou:
— *Fales de uma passagem do Evangelho Segundo Alan Kardec e depois informa que gostarias de ler os dizeres de um amigo. Anota o que achas importante, deixa as dicas para ti mesma e aí, estarás segura do que estás dizendo. Outra coisa, as pessoas, às vezes, gostam da gente, não pela perfeição do que fazemos, mas pela emoção, pela vivência, pela verdade daquilo em que estamos acreditando.*
— Obrigada. E agora me diz, você levou bronca, naquele dia que demorou conversando comigo?
— *Nosso Senhor só me disse para ficar mais atento. Agora quero escutar sobre o que você tem feito.*

– Nada importante...tirando morcegos do forro da casa, conversando com eles, pedindo para eles sairem. Como você não quis me ajudar, li no livro " Comunicação Com os Anjos e Devas"[6], que era possível a comunicação com os outros seres através da energia própria de cada um...estou me exercitando.

– *Você sabe que não posso te ajudar em tudo. Dou ensinamentos e conselhos, mas não posso resolver os teus problemas. Tens amigos que também podem te ensinar muitas coisas. Tens teus passos que também ensinam muito. Verinha, já te falei do amor de Pai, porque ser bom, mas não poderia deixar de te falar de outro sentimento que temos em nosso coração. Hoje, quero falar-te do ódio e do perdão. Pois o sentimento do ódio é duro. Muitas vezes acreditamos que ao odiar outra pessoa a estamos prejudicando. Até pode acontecer quando passamos do ódio para atitudes concretas; quando fazemos mal a esta pessoa. Mas, Verinha, o ódio é algo que só a nós prejudica, pois aquele sentimento fica em nossa mente e vamos alimentando-o todos os dias. Em certos momentos pensamos que já esquecemos este sentimento, mas ele nos volta no meio da noite, durante o dia, e vai nos corroendo, vai nos fazendo mal... Em vez de pensarmos em outras coisas, em vez de amarmos mais intensamente as pessoas, em vez de vivermos felizes... toda nossa vida fica presa a uma pessoa que queremos*

---

[6] "Comunicação com os Anjos e Devas" — Doroty Maclean, Editora Pensamento, São Paulo 1980.

esquecer. Pois, se não temos a capacidade de perdoar, quem sofre somos nós mesmos. Devemos sempre tentar nos reeducar, para não sentirmos ódio por outra pessoa. Sei que muitas vezes existem mágoas, angústia, dor, humilhação, mas temos que reagir. O Pai ensina a amarmos e perdoarmos. Quando damos o perdão, estamos fazendo o bem a nós mesmos e não ao outro somente. É por isso que amor e ódio estão juntos. Muitas vezes o outro fica em sua angústia, mas nós estamos libertos do sentimento que nos havia sido imposto. Temos a capacidade de perdoar, de tirarmos o peso da opressão. Não quero dizer que precisamos nos humilhar, nos rebaixar, suplicar para que o outro nos conceda o perdão, nós temos é que nos libertar e retirar o peso de nosso coração.

– Mas não precisamos procurar a pessoa para darmos o perdão?

– Não, não precisas. Precisas sentir em teu coração que perdoaste e deixastes de odiar. Quantas pessoas passam a vida toda odiando, em vez de viver, em vez de aproveitar o seu dia, em vez de se livrar daquela opressão. Veja como é triste não perdoar!

– Gabriel, aproveitando que estamos falando de perdão, ódio, angustias, me explica por que a Maria anda sempre com pensamentos negativos, sempre com alguma coisa ruim.

– A Maria tem uma força de vontade e uma energia muito grande. Se as pessoas deixam essa energia no ar e não a canalizam para o bem ou para a construção positiva de suas vidas, ela se perde e faz a mente das pessoas trabalharem, pensando em coisas ruins. Porque, se o indivíduo que já está bem, que tem seu dia a dia tranquilo, é acometido por coisas ruins, imagine alguém que já está cansado, amargurado, que está desiludido com a vida. Verinha, a Maria precisa descobrir algo importante e canalizar essa energia para si. Ela acreditava que a melhor coisa que ia acontecer na sua vida era o nascimento do João, o seu filho. E foi, não só, mas o nascimento do filho da Maria deveria ser, para ela, algo de plena alegria, mas as preocupações e a dureza da vida não a deixam ver o filho perfeito, o filho inteligente! É o companheiro que ela terá. A Maria acredita em muitas coisas e as vai buscando indiscriminadamente. Tudo está ao alcance. Mas ela precisa buscar nela mesma, na força interior, na Maria que tinha vontade de viver, que lutava pelos outros, que acreditava que era capaz de dizer não, que era capaz de não se rebaixar diante das pressões, pois queria a libertação do povo, queria o crescimento das pessoas. Hoje ela perdeu essa garra, não consegue nem lutar por si, não consegue nem dar conta de sua vida e também não consegue lutar pelos outros. Ela precisa resgatar isso dentro dela, recuperando a sua dignidade. Temos que fazer algo de que gostamos, que nos gratifique, pois se tudo que fazemos não gostamos, nós desanimamos. Eu sei que dizer é fácil, pois o difícil é realizar, mas é preciso ter fé em algo, não ficar buscando em todas as direções, em todas as crenças e religiões, pois, quando buscamos sem analisar, os ensinamentos só nos confundem, não nos levam a lugar nenhum. Fique em paz.

V

Nosso Dia A Dia

*"...não julgues e não sereis julgados,
não condenes e não será condenado,
perdoai e sereis perdoado
(Lc 6,37)*

Temos que estar atentos, pois a cada instante, diferentes caminhos se apresentam à nossa frente e nós, somente nós, somos responsáveis pelo que escolhemos para trilhar. Cada um nos leva para mais perto ou para mais longe da felicidade. O Gabriel está certo quando afirma que não posso só ficar escrevendo o livro, preciso continuar meu dia a dia, conhecendo pessoas, passeando, enfim, vivendo. Este é um ano de eleições e eu e a Suzana, estamos envolvidas na campanha partidária. Soube que a Isabel tomou a decisão de se candidatar. De uma forma ou de outra, todos somos importantes na formação do Universo, mas, as vezes, não nos colocamos na posição correta.

– Você sabe como passei o dia de hoje, não sabe? Queria compartilhar com a Suzana, mas primeiro queria falar com você sobre o caminho que a Isabel está seguindo. Será que é bom ela se candidatar?

— Já falamos sobre isto. Ela tem que tentar para descobrir por ela mesma, mesmo que tu aches que a influência é dos outros .O dar amor faz parte da vida da Isabel, que nem da tua. Há várias formas de dar amor, e sempre lutastes para que entre as pessoas existisse o amor. Tu sabes que ela está descobrindo sua missão, às vezes se afasta, outras se aproxima. A caminhada está à nossa frente e o caminho nós é que trilhamos. Pode-se estar mais longe e às vezes mais próximo, mas cada indivíduo deve prosseguir no seu caminho.

— Mas você não tomaria esse caminho, não é?

— Se a Isabel resolveu seguir este caminho, mas não se deixar dominar e agir da maneira que ela acredita, com garra, ela vai chegar e será feliz no caminho que escolheu. Mas se a Isabel se deixar dominar, se ela não lutar por aquilo que acredita, qualquer caminho que ela siga não encontrará a felicidade. Depende da força de vontade dela e também do amor das pessoas que ela ama. Por isso, estende tua mão, independente do caminho que ela escolher seguir, porque tu podes entendê-la.

— Certo, vou apoiar no que puder. Mas tem tantas outras coisas que não compreendo! São tantos assuntos e o tempo tão pouco...Por exemplo,queria saber o sentido da oração. um dia desses, fiquei pensando assim,quer ver? Só Deus interfere nos assuntos terrenos, não é? Você não interfere?

— Eu não posso interferir nas coisas terrenas.

– Então, se a gente reza para um anjo, ele não pode ajudar. Mas se reza para Deus, ele pode modificar...
– Se as pessoas rezassem diretamente ao Pai, muita coisa seria modificada. Mas as pessoas têm receio de orar ao Pai..
– Não é só receio! É porque as pessoas não entendem, eu também, não entendo. Quer ver? A gente tem o livre arbítrio, leva a vida como quer, mas se as coisas dão errado, a gente vai e pede ajuda a Deus. Aí Ele ajuda? Eu acho que não devia ajudar. Não é de vingança. É por que a gente tem que aprender a arcar com nossas responsabilidades. Se não, fica muito fácil. A gente faz as besteiras, se der errado, a gente reza e pede a ajuda de Deus, se der certo, a gente continua aproveitando. E por que Ele vai interferir numa coisa e não vai interferir em outra? Igual ao dia da festa do Luau, que fiquei rezando para não chover. Mas choveu! Alguém deve ter rezado para chover...
– Verinha, as pessoas fazem pedidos, e agradecimentos também. O Pai a tudo escuta. Muitas vezes é através da fé, pois ela remove montanhas. Tudo vai depender de nossa forma de acreditar, da nossa fé, de nossos pedidos, pois, ao acreditar naquilo que queremos, ao acreditar na existência do Pai, na Sua energia, conseguimos, através da nossa força, muitas modificações.

— Você acha que quando agimos mal e algo não dá certo, se fizermos uma oração vamos modificar alguma coisa?

—Se alguém quer mudar, porque quer dar um bom sentido à sua existência, não achas que a energia que emana deste espírito, seria suficientemente forte? Porque a pessoa tem total domínio da sua vida, e a oração está colaborando para que descubra em si mesmo, a sua força de vontade. É a mesma coisa quando conversamos com os animais, quando conversamos com a natureza, é a nossa energia interna, a nossa vontade, é o nosso livre arbítrio.

— Mas quando as pessoas pedem coisas opostas, vale quem tem mais energia? - E a chuva?

— *Existem os estágios: primeiro o ciclo natural da vida, depois as forças ocultas da natureza, depois nós, os pequeninos anjos, e acima de tudo Aquele que tudo olha. Aquele que tudo conta, o Pai. Ele é o responsável pelo desabrochar de uma flor, pois o Pai se preocupa com toda a humanidade e, ao mesmo tempo, com o simples desabrochar de uma flor. O Pai consegue tudo compreender, tudo cuidar e ao mesmo tempo se preocupa com um único fio de cabelo de Seus filhos.*

— Mas, se eu rezo...Pai, faz o melhor para ela, pensando em alguém a quem eu quero ajudar, Ele faz ou fica tudo na mesma? Ele interfere?

— *Ah! Quando falas, "que seja feito o melhor para ela", teu coração deixa nas mãos do Pai, que é o*

Caminho. Mas o Pai deixa o indivíduo descobrir sozinho o que busca. As pessoas não podem dizer " que seja feito o melhor para mim" . Elas têm que saber o que buscam. Que livre arbítrio é esse que deixa nas mãos do Pai? Quando o indivíduo não pode tomar a decisão, às vezes, o Pai toma a decisão por ele, mas quando depende exclusivamente do indivíduo, da sua vontade, da sua perseverança, persistência, aí são os indivíduos que tem de demonstrar, lutar e buscar o que querem. Mas o Pai sempre ajuda a ver o Caminho, porque Seu amor é muito grande. Ele a todos acolhe, porque quer o melhor para seus filhos, mas às vezes precisa ser um pouco duro, para que aprendam com a vida.

Estou sempre procurando fazer alguma coisa para que vivamos numa sociedade mais justa. Sabemos que o machismo ainda é muito forte e, muitas mulheres foram prejudicadas. Para que haja concepção, é necessário haver homem e mulher, mas alguns consideram somente a mulher responsável e, se por alguma razão ela ache que não deva ter a criança, não existe uma lei que a proteja. Será isto amor ou justamente a falta dele?

– Preciso falar de um outro assunto muito sério, posso? Eu gostaria que você me falasse sobre o aborto...

–Vou te explicar dentro de uma visão de amor, na concepção de verdade que Cristo nos tem ensinado. Primeiramente preciso falar algo que pode parecer forte, chocante e até duro: se o indivíduo tem consciência de seus atos, terá que responder por eles. Pois uma pessoa

quanto mais consciente e quanto mais ciente do que está fazendo, mais responsabilidade tem. Passamos então, a analisar algumas situações:

1º- É a certeza que cada indivíduo tem de ser o responsável pela sua vida,

2º- Se a mulher tem direito sobre seu corpo, como poderia ser cobrado dela a responsabilidade de um aborto?

3º- A vida gerada não é feita individualmente, ela é promovida por duas pessoas. A responsabilidade é algo muito amplo, que envolve várias questões sociais. É muito difícil dizer que uma pessoa tem a responsabilidade exclusiva pelo ato que está acontecendo, quando a vida de um indivíduo faz parte de um contexto e não conseguimos isolar este ato. Por exemplo, uma pessoa que vive num ambiente de miséria, de ignorância e provoca um aborto, evita-se que mais uma criança nasça subnutrida, fraca, doente. Nenhum indivíduo pode ou tem o direito de condenar alguém que praticou um aborto, pois a condenação deve recair sobre aqueles que deixaram morrer muitas mulheres em clínicas clandestinas, que usufruíram da clandestinidade para enriquecerem, ilicitamente.

Verinha, poderia perguntar também, e se este pequenino ser que ao mesmo tempo sofre toda carga desta sociedade, que não tem culpa da maldade, da violência, da injustiça social, da miséria, da fome, o que acontece com ele? "Todos esses pequeninos vão para *junto do Pai." Pois o fato não está em se deixar a vida continuar fluindo ou interrompê-la, mas que consequências esta decisão trará ao indivíduo, os seus sentimentos, o seu dia a dia. Se a mulher sentir em sua consciência que não deve abortar, não o faça. As pessoas têm sempre que medir as consequências de seus atos.*

    – E se uma adolescente engravida? Ainda não é muito responsável pelos seus atos. O que nós devemos fazer? Aconselhá-la a abortar ou a deixar a gravidez?

    – Todos, mesmo que bem pouquinho, temos responsabilidades sobre nossos atos. Nada na vida pode ser imposto, pois com a imposição tiramos a responsabilidade da pessoa e jogamos sobre nós , ao mesmo tempo que,esta pessoa, perde a sua livre escolha.. Mas, se realmente queremos ajudar alguém, não podemos omitir os prós e os contra. Temos que ir elucidando para a pessoa ir decidindo. Não é certo assustar os jovens, dizendo que é pecado, que é errado, mas precisamos esclarecer para que tomem responsabilidade de seus atos e que no futuro não usem o aborto de forma desnecessária, já que há tantos métodos anticonceptivos. Muitas vezes nossa responsabilidade aumenta, pois podíamos evitar esse acontecimento e nada fizemos. Mas não quer dizer que estes jovens estarão condenados por terem praticado o aborto. O que te falo é que se eles não tomarem a decisão por si, não aprenderão o caminho. Mas nenhuma pessoa deve ser massacrada porque cometeu um aborto. Tudo depende de

nossa consciência, do nosso amor, de nossa decisão. Outra coisa, qual seria o maior crime? Uma criança de 12 anos, gerar e ter outra criança, ou tentarmos ajudá-la a superar todas as crises e não obrigá-la a cuidar de outro ser? Ela já não teve infância, vamos obrigar outra criança a também não ter infância, a não ter vida? Há tanta ganância no mundo, tanta violência e tanto ódio, de quem devemos cobrar a miséria, a ausência de saúde, a desinformação? Que sociedade é essa que não dá condições de um indivíduo viver dignamente e o condena por tentar manter uma vida digna? Verinha, aquele que condena, olhe primeiro e veja qual parcela de contribuição que está dando para diminuir o sofrimento. É muito fácil condenar, mas difícil estender a mão, consolar, compreender, apoiar e principalmente não carregar de preconceitos um conselho. O Pai nos dá o livre arbítrio, só que nos pede consciência e responsabilidade. Se temos plena consciência do ato que vamos fazer, não devemos temer. Pois o Pai, que tudo vê, que tudo escuta, que nos ama muito, compreende. Não devemos nos omitir nunca, pois a omissão é um grande erro. Então cada pessoa realmente é responsável por seus atos. Todos nós passamos por situações e encontramos pedras na nossa caminhada, que precisamos contornar e ter força de vontade, sabedoria, tranquilidade suficiente, para encontrar a melhor solução.

— Quero lhe perguntar sobre as discussões com minha filha. Deus ajudou? Na mudança dela? Na alegria e

confiança que ela de repente voltou a demonstrar ao conversar comigo?
— *Por que perguntas se não tem dúvidas?*
— Eu estava triste e orei ao Pai para que eu e minha filha pudéssemos conviver num amor tranquilo, embora com pontos de vista diferentes.
— *É a nossa força, nossa crença, que movimenta as energias, mas o Pai está pronto a escutar o nosso coração, a nos auxiliar com seu amor.*
— Ele é a nossa força?
— *Ele é o amor, a grande energia que rege todo o Universo. Ele é o grande Amor.*
— Outra coisa que eu queria saber: você não é um anjinho qualquer, por mais que eu adore você, eu fico sempre me perguntando, por que "ele" ?
— *Eu sou um simples anjinho.*
— Você sabe que não é, somente a sua humildade é que o torna muito simples. Fala.
— *A pessoa tão especial que tu és! Tens o coração muito bonito!*
— Gabriel! Você está enrolando!
— *Não estou.*
— Então por que é que é você? Já que é você que anuncia a Boa Nova ?.
— *Eu venho sempre para dar mensagens de alegria, de esperança, de mudança...*
— Que mudança? Sabia que você não ia responder. Quanto suspense!

— Agora, Verinha, eu estou torcendo também para que as pessoas boas, mesmo que seja num pedacinho, só num pedacinho do mundo, comecem a governar e lutar pelos indivíduos. Isto é necessário para que melhore, cada vez mais, a vida do povo de Deus.
— Se a gente fizer bem esta campanha...
— Vou tentar ficar bem pertinho, tá? Bem pertinho mesmo
— Acho que a gente vai conseguir...
— O Pai me fala que são os homens que têm de lutar, que têm que querer, mas eu não vou resistir a ficar bem pertinho, e tentar ajudar. No caso da Isabel, se tu ajudares, eu também estarei junto. Continua sendo esta pessoa cheia de luz.
— Ainda continuo preocupada com a Maria. Sei que a vida dela é difícil, problemas financeiros e espero que aja com sabedoria para saber qual a atitude correta que deve tomar. Você escutou a Maria falando que gostaria que você viesse através dela?
— Verinha, às vezes me faço presente através das pessoas segundo o amor que tu sentes. Também eu sinto esta alegria de poder vir através de outras pessoas. Está na relação de amor que tu tens comigo, pois teu amor é tão grande que faz com que as pessoas sintam vontade de receber-me. A Maria é uma pessoa especial, de uma energia muito grande, de um coração muito bonito.
— Você poderia vir através dela?

– Existe algo que é necessário ser falado muito claramente, eu sempre virei, até aprenderes a escutar teu coração!
– Já fala rindo...
– Não, Verinha, falo sério. Pois tu já escutas, embora digas que não escutas; mas sempre virei através de um ser que amas muito e que também te ama.

Sábado fiquei muito feliz, pois o Isaías, do Centro Espírita que frequentávamos, quando terminou os trabalhos, nos disse que gostaria que marcássemos um encontro com a "entidade" com quem me comunico, para ele poder conversar. Fiquei muito ansiosa, esperando a visita de Gabriel, pois queria entender como o Isaías tinha chegado aquela decisão.

– Gabriel, sei que combinamos que conversaríamos numa segunda feira sobre assuntos do livro e, na semana seguinte, falaríamos de minha família, minhas dúvidas, minha ansiedade. Mas, hoje, vamos trabalhar. Você viu a história do Isaías?Ah! me conta...você falou com ele lá no Centro? A Suzana queria que eu lhe perguntasse se você deu uma "chamadinha" nele. Ou foi alguém que disse que, se ele não tomasse uma decisão logo, talvez a gente não voltasse mais lá?

– O Isaías sente as manifestações de forma diferente, conforme seu entendimento. Depois de uma certa existência, depois de um certo aprendizado, as pessoas começam a sentir manifestações mais parecidas. Mas , quando acontece de forma não planejada, o

indivíduo sente determinadas reações. Tu sabias que eu estava lá. Já consegues sentir a minha presença, pois faço parte do teu dia a dia. A Suzana sentiu a minha presença e por isso, passou a sentir um grande frio, de repente. O Isaías sentiu uma energia que fluía intensamente através de ti e da Suzana. Através dessa energia eu consegui me fazer presente para ele e ele sentiu algo muito forte.
 — Mas ele não acredita que é você...
 — *Acho que ele já tem uma grande desconfiança que pode ser um anjo, mas ele não tem certeza absoluta.*
 — E quando a gente vai marcar para conversar?
 — *Antes, quero te fazer um pedido bem pequenininho. Se não fores ficar muito ansiosa, peço para não ires ao Centro do Isaías neste sábado. Sabes por que? Tu e a Suzana estão envolvidas em muitas atividades na campanha política, andam muito cansadas e me preocupo com a segurança de vocês. Não tenho previsão, nem fui avisado de nada que possa acontecer-lhes, mas tu sabes que é necessário ter cautela. Estas estradas são muito perigosas, vocês precisam dirigir durante uma hora para chegar ao Centro, e não custa adiar, só por uns dias, a conversa com o Isaías.*
 Não é necessário que, com tantas coisas que tens a fazer esta semana, ainda te desloques para lá. Podemos marcar a data e te comunicarás com ele.
 — Tá bom, eu ligo e marco uma hora com ele.

– *Nós precisamos marcar uma primeira conversa, pois não precisa ser única e não deve ser muito longa...A Suzana vai estar numa ansiedade muito grande , pois ela não estará em casa, terá mais alguém e vai ficar um pouquinho nervosa.*

– Ah! Me explica uma coisa! Eu já estava até desistindo de ir ao Centro, porque o Isaías tem as crenças dele, eu não quero ir lá, para ficar discutindo com ele. Mas eu também não quero ficar escutando coisas que não acho certas. Ai, fico pensando...para que eu vou, então?.Se é só pelas amizades ou para provar para ele que você é o Gabriel...

– *Vou te dizer algumas pequeninas coisas: mesmo que para o Pai, nada precise ser provado, para os homens as provas têm que ser tantas... Algumas pessoas, nem todas, respeitam os indivíduos. Por isso, nem todas têm dúvidas. Mas uns, darão maior credibilidade ao que estás escrevendo se uma outra pessoa puder ver e confirmar esta veracidade. Não é tão simples tu dizeres ou demonstrares para os outros, que conversas com um anjo. Pessoas sensíveis, que te amam, acreditam, outros não se importam, ou têm inveja, ou têm dúvida, e outros simplesmente contestam. Por isso que o Isaías pode colaborar abrindo algum caminho. Como a sua ida a São Paulo, para conversares com a escritora Sara Marriott (autora de " Pergunte a seu Anjo"), ela também pode contribuir. O Pai vai indicando os caminhos, se algum deles não der certo, o Pai estará sempre junto de ti para abrir novas portas. Por isso, o convite ao Isaías para conhecer os ensinamentos cristãos, pois ele é uma liderança. O teu papel está sendo de colocar ao alcance dele estes ensinamentos e de muitas outras pessoas, de uma forma clara. Compreendes um pouquinho?*

– Compreendo, mas ainda não entendo por que você fala comigo! Por que me escolheu? As pessoas me perguntam por que você vem falar comigo e nem sei o que responder...

– Já sentias dentro de teu coração que algo importante ia acontecer. Algumas pessoas sentem isso, mas não buscam e nada acontece. Outros indivíduos, quando sentem que têm algo importante a fazer, mesmo passando alguns anos sem nada acontecer, mais tarde buscam e realizam seus sonhos. Realizam este ato, realizam este acontecimento. Quando menina, demonstrastes a tua fé, estavas cada vez mais te encaminhando para os ensinamentos de Cristo. Verinha, teu amor pelas outras pessoas, tua vontade de ver o mundo melhor, fez com que criasses ao teu redor, uma energia de amor. Muitas vezes, através da tua alegria conseguistes afastar a maldade, as pessoas perversas, os acontecimentos ruins. A tua caminhada, a tua fé e a tua perseverança, frente aos obstáculos, mesmo sendo uma pessoa tímida, pois no fundo eras muito tímida, fizeram de ti esta pessoa que é hoje. Fique em paz.

VI

As Descrenças

> *"...homem de pouca fé,*
> *por que duvidastes?"*
> *(Mt 14,31)*

Estamos praticamente no meio do ano. Os dias já não são tão quentes, chove muito, tudo fica menos colorido. Mas, apesar do tempo, esta semana fiquei muito feliz. Um amigo havia me dito que viu no jornal uma reportagem intitulada " Gays de Armários" , se referindo aos homossexuais que não assumem sua condição. Achei que o jornalista não tinha muito conhecimento da situação preconceituosa com que os homossexuais são tratados e, por isso, resolvi responder à reportagem. Foi a primeira vez que tomei a iniciativa de escrever para um jornal e aquilo me deu uma satisfação muito grande, pois, dois dias depois, vi minha carta publicada no jornal. O Gabriel falou-me as seguintes palavras:

– *Verinha, fiquei muito contente, e o Pai também, com a carta que mandastes ao jornal. Tua perseverança, tua coragem, teu senso de justiça são muito grandes. Ficamos muito felizes ao saber que não abandonas uma causa, que não abandonas um amigo. Manténs a memória dele viva, resgatas, cada vez mais, o fato dele ter dado a vida por uma causa. Sua vida, para que outros pudessem ser mais felizes que ele. Tua atitude foi muito bonita, digna de admiração, digna de uma mulher de coragem!*

Segue uma cópia da carta, para explicar o comentário deste anjo:

Gostaria de fazer um breve comentário sobre a reportagem publicada no dia 29/06/96, intitulada (Editorial 2) - " Gays de Armário no Paraíso" . Acho que o Jornal está de parabéns por ter sido o único a lembrar o dia Mundial do Orgulho Gay. Pena que com um dia de atraso! Pois, um assunto tão polêmico e tão pouco claro para a maioria da sociedade, deveria ter, por parte dos meios de comunicação, uma atenção especial.

Poucas pessoas sabem, que neste Município existe uma lei que garante a livre orientação sexual de todos os cidadãos. Creio que os meios de comunicação cumprem seu papel quando esclarecem a população quais os seus direitos e deveres. A " ADEH - Associação em Defesa dos Direitos dos Homossexuais" , foi citada na reportagem, mas será que a população tem conhecimento do que aconteceu com Cláudio Orlando dos Santos, presidente desta associação? Ou será que não é interessante comentar? Ele era homossexual, assumido, portador de HIV e estava desenvolvendo um trabalho de conscientização no combate a AIDS e na distribuição de camisinhas. Quando em 1994, a polícia que devia existir para proteger os cidadãos, achou por bem, acabar com o trabalho do Clô na base do cassetete, e o agrediu. O nosso amigo Cláudio foi muito mal para o hospital e saiu de lá 2 vezes, uma ainda lúcido, em 3 de outubro, para exercer seu direito de voto e outra, em 2 de novembro, para o cemitério. E o policial, onde está? Foi punido? Aproveito ainda para citar umas palavras de um grande amigo:" O homossexualismo é uma forma de amor, tanto o feminino, quanto o masculino. É uma busca de companheirismo, da pluralidade maior. Há uma descoberta interior, dentro dessas pessoas, que são diferentes da maioria e diferentes entre si. O homossexual, quando faz a opção de maneira consciente, demonstra sinceridade e uma compreensão muito grande dos sentimentos. Deus não discrimina as pessoas, lhes dá o livre arbítrio, para que escolham o melhor caminho a trilhar, com amor e de maneira consciente." Será que esta cidade é o Paraíso?

– Outra coisa, Verinha, não desistas! Continua lutando para que algumas pessoas também tenham oportunidade de mudar a vida política. Toda nossa contribuição, por menor que seja, para melhorar a vida do povo, é muito importante, pois o resgate da dignidade, da cidadania, faz parte dos ensinamentos do Cristo. Ele veio para que o povo tivesse vida em abundância, tivesse dignidade, tivesse fé. Resgatou-se o direito de ser cidadão, de poder viver dignamente, Verinha, os ensinamentos do Cristo são muito importantes , são muito bonitos.

As eleições municipais são importantes para o povo brasileiro. Por isso não pode ser num só momento; elas devem fazer parte das pessoas, elas devem mudar com consciência, devem querer melhorar, devem lutar pelo coletivo. Sê firme em seu propósito, passe este amor e esta força de vontade a outras pessoas, não desistas. Mesmo que tenhas decepções no caminho, mesmo que as pessoas te decepcionem. Estas pessoas também podem mudar, também querem descobrir seu próprio caminho. Várias pessoas, às vezes, se deixam levar por outras, por isso devemos sempre alertar, não devemos nos omitir. Devemos ter nossa posição firme, ter nossa posição clara, para que os outros indivíduos tenham conhecimento, possam esclarecer suas dúvidas. Eleger pessoas justas, pessoas comprometidas é uma contribuição que damos para melhorar o espaço em que estamos. Quando Cristo veio, esperavam alguém que melhorasse a vida do povo daquela época. Ele deu mensagens de paz, de amor, de fraternidade. Se pudermos hoje contribuir políticamente, não devemos nos omitir, pois até Cristo, com seu amor, não deixou de ser político. Política não quer dizer politicagem, quer dizer cidadania. Por isso se através de uma eleição conseguimos colocar pessoas que são coerentes, devemos lutar, devemos nos esforçar, devemos nos dedicar.

Mas quero também que acredites no que estás fazendo, e se não concordares, fales, não te omitas, não tenhas medo de dizer, não ou sim, pois já passou a época de estares subjugada à vontade dos outros, ao medo de estares errada, ao receio de te manifestares.

– Mas o que é necessário dizer, ser mais explícita em alguns pontos ou devo deixar algumas coisas nas entrelinhas?

– *É através do amor que passamos a respeitar os outros indivíduos. É através da plenitude dos sentimentos que conseguimos compreender a humanidade. Se amamos outra pessoa, ninguém precisa saber de que forma. Não é isso que muda a maneira dos indivíduos verem a Deus. Nenhuma pessoa precisa afirmar que é mulher, porque não é por ser mulher que deve ser respeitada, mas por ser cidadã. Para ter dignidade não precisa ser doutor, ter um título. Nenhum indivíduo precisa dizer que é homossexual, pois acima de tudo ele é um indivíduo e deve ser respeitado como tal. Não precisa ser branco para ser importante. O que quero te dizer é que o indivíduo deve mostrar o seu amor e, dessa forma, através do seu carinho, da sua dignidade, do seu respeito, ele conquista outras pessoas, ele passa os ensinamentos do Pai, ele demonstra sua liberdade, a sua luta contra o preconceito. Não tenhas medo de mostrar que não tens preconceito, que não te omites, que respeitas toda e qualquer pessoa que não discriminas as religiões, o negro, o branco, o pobre, as opções sexuais, ; que respeitas as pessoas pelo livre arbítrio que elas têm; que respeitas os indivíduos pois são pessoas que amam, que são sensíveis, que acreditam no Cristo.*

– Eu fico muito emocionada cada vez que falo com você. Você é tão sensível! Tão gentil!. Tão preocupado com o nosso bem estar... Queria lhe agradecer pelo conselho de não irmos ao Centro do Isaías no sábado, estávamos mesmo muito cansadas e era muito arriscado irmos para auto-estrada..
– *Eu ia ficar preocupado!*
– Já que a conversa com o Isaías foi marcada para o sábado, você vem também conversar na segunda ou vem só no sábado?
– Você acha que vou deixar de conversar? Se o Pai me deu a função de conversar contigo no sábado, vou dizer para Ele que também tenho que conversar na segunda, que é minha obrigação...-
– Está ficando um político e tanto...Acho que vou votar em você! Vou fazer uma bela campanha!
– *Tive que aprender, acompanhando tuas reuniões políticas.*

E Agora? Acho que alguma coisa não deu certo! A Suzana e eu fomos finalmente, ao tão esperado encontro com o Isaías. Ao chegarmos, já soubemos que a situação não estava muito sob controle. Infelizmente, um pedreiro que trabalhava na casa do Isaías havia se acidentado, foi hospitalizado e o Isaías esperava , ansiosamente notícias. Apesar disto , resolvemos iniciar nossa conversa. Tudo parecia estar transcorrendo dentro da normalidade, mas de repente...Que decepção! O Isaías me disse que tinha problemas auditivos e que não estava ouvindo!?! Não houve jeito. O Gabriel, apesar de meu pedido, não falou mais alto e o Isaías não escutou. Mal o Gabriel foi embora, o Isaías me disse que precisava ter certeza de que quem conversava comigo era mesmo um ser de luz. Só assim ele poderia dar credibilidade ao livro. Disse também que existem espíritos do mal, tão poderosos, que eu, com meu coração tão bondoso, e com uma fé tão grande, poderia ser ludibriada. Fiquei muito nervosa e decepcionada e espero, na maior angústia , esclarecer esta situação com o Gabriel. Ora, não é Deus que está por trás de tudo isso? Não é Ele que tudo pode? Então por que o Isaías não ouviu? Por que o Gabriel não pode falar mais alto?

– Vou lhe falar uma coisa muito importante: o Pai nos dá olhos para ver e ouvidos para escutar, e Ele quer nos dizer que depende de nós acreditarmos, pois não venho para que as pessoas acreditem, para provar que Ele existe. Sei da tua tensão , da tua preocupação, da tua vontade de que o Isaías acreditasse que eu sou o Gabriel, que cresse na veracidade destes acontecimentos. Mas algo quero te dizer: o Isaías teve a sua primeira oportunidade de ouvir, de ver, mas seu coração se fechou e nada ouviu. Tentei de outra forma, falando diretamente ao coração dele, mas ele nada quis ouvir. Não podemos julgá-lo, pois tinha as suas preocupações e passava por momentos difíceis. Mas ao mesmo tempo ele estava com dúvidas, queria uma prova concreta que o fizesse acreditar na existência do Gabriel. Sei que ficastes decepcionada, que questionastes a capacidade do Pai , de

influenciar naquele momento. O Pai nos dá as possibilidades, depende de nós, do nosso esforço em querer acreditar, depende da nossa fé.

A tua fé é muito grande, não tem barreiras. Muitas vezes, nas nossas conversas, não usamos palavras, mas nos entendemos; não concluímos frases, mas nos entendemos, plenamente. Ao Pai não existe barreiras, nem limitações. Mas, os homens têm suas limitações. A Suzana tem os seus limites. Perguntastes se ao Pai não seria possível fazer a Suzana falar mais alto. Seria, mas o Isaías poderia tirar a barreira de seus olhos, para ver algo que estava ao seu alcance. Bastava estender as mãos. Não teria se contradito, quando há meses afirmou que há gasto de energia quando existe uma manifestação através de alguém e, naquele momento o Isaías disse que não havia desgaste? Em todo esforço que a pessoa faz, há um consumo de energia. Quando nos concentramos, quando oramos. Não é um gasto que vai fazer mal a Suzana, mas não me permito prejudicar alguém, nem que seja um pouquinho. Uma pessoa que tu amas, que é filha de Deus, uma pessoa que é nossa irmã, não tenho esse direito. Nem o Isaías, com toda sua caridade, com todo seu amor, merece o sofrimento de outra pessoa para que seja satisfeita a sua vontade. Através do Pai não há sofrimento, já que o Pai é amor. Ele não pode permitir que, para que se comprovasse a Sua vontade que os outros acreditasse numa mensagem de amor, alguém viesse a ser sacrificado. Ele entregou Seu filho para que sofresse por todos nós, para que o mundo descobrisse que não deve haver mais sofrimento. Aquele sofrimento foi humilhante, horroroso, monstruoso, mas os homens continuam exigindo que a humanidade promova sacrifícios em nome de deuses do dinheiro, da ganância, da ambição, do poder.

— Fiquei preocupada com as palavras do Isaías sobre o espírito mau, dizendo que eu poderia estar sendo enganada. Se ele tivesse razão, minha vida perderia o sentido, pois no estágio que cheguei, com sua amizade, com nossas conversas. Se eu tivesse que descrer de tudo isso, não teria mais graça a vida, não teria mais forças para continuar a caminhada e nem vontade de buscar novos conhecimentos, novas verdades. Por isso fique tão triste. Não quero que você saia de minha vida, mas não sei o que fazer, não sei se continuo o livro...O Isaías não acredita, a resposta da carta que escrevi para São Paulo solicitando um encontro com a Sara não veio.

— *Verinha, em determinados momentos eu sou só um anjinho, frente ao poder e a universalidade do Pai: o Pai nos mostra tantos caminhos, tantas formas de amar, de chegarmos a Ele. Mas eu também tenho limitações, eu também quero que as coisas bonitas aconteçam, que os indivíduos acreditem, que ninguém ponha em dúvida tua fé. Algumas pessoas questionam, de forma a promoverem um alerta e o Isaías, com aquelas palavras quis alertar-te contra espíritos malignos. Pergunto se sentes em teu coração qualquer maldade, qualquer ódio?Verinha eu sou tão pequenino...*

Nesse momento vi uma lágrima correndo no rosto da Suzana, uma única lágrima, e foi como se tudo desabasse sobre mim. A dor no meu coração foi tão grande que eu não sabia o que fazer.

— Eu não quis dizer isso! Você não entendeu! Eu não soube me expressar! Você sabe que eu me preocupo com as pessoas, e não quero magoar ninguém, como fui magoar você? Você não sabia o que eu pensava?

— *Eu sabia de teus sentimentos, mas não na forma que colocastes. Eu sabia que estavas magoada. Mas quando começastes a questionar o meu amor, foi isto que me magoou. Eu não tinha idéia que também poderia ser questionado.*

— Mas é verdade que, se fosse assim, nada mais me interessaria. Eu gosto tanto de você, que se fosse como o Isaías acredita, minha vida acabaria. Acho que é uma grande declaração de amor! Não era para você ficar triste.

— *Vistes por que sofri? Porque também não compreendo tudo.*

— Eu fico pensando...se você é um anjo, como não entende as coisas?

— *Eu percebo o sentido geral, mas às vezes não acompanho as palavras.*

— Não sabia que vocês também sofriam. Pensei que acabava o sofrimento.

— *A gente continua sentindo todas as formas de amor.*
— De raiva também?
— *Não Verinha.*
— Sente né? Só um pouquinho?
— *Não é um sentimento de raiva, é uma clareza muito grande dos atos; não saberia defini-lo, mas é tudo com plena consciência do por que o indivíduo faz aquilo. Bem que você já entende um pouquinho disto agora, mas não sentimos raiva.*
— Só amor?
— *Ah! É um amor tão grande!*
— Mas com o amor a gente sofre também.
— *Eu sofri, mas sou muito sensível mesmo...Estou ainda em fase de aprendizagem. Acho que depois vou sofrer mais ainda.*
— Gabriel, já somos tão amigos e você ainda não me respondeu aquela pergunta que lhe fiz há tanto tempo. Se você viveu aqui na Terra, quem foi você? Qual é seu nome?
— *Vou falar-te de algo que já devia ter conversado, que faz parte dos ensinamentos que me foram dados anunciar a ti. Há 20 bilhões de anos, houve um grande cataclismo e este grande cataclismo, dentro da obra de nosso Senhor, era necessário para a criação dos diversos reinos e necessário para entendermos também os designos de Pai. Acompanhemos os processos históricos para melhor compreendermos. Deste grande cataclismo foram se ampliando diversos reinos, diversos sistemas*

solares e num processo de solidificação nasce um planeta formado por muita água. Neste pequenino planeta dentro do grande universo, planeta de grande beleza, surgem os vegetais, animais e o homem.

O Pai,com toda Sua inteligência, com toda Sua sabedoria, ao criar este grande universo, não deixaria tudo vazio e desabitado. Mas, em cada lugar, em cada parte do universo, os seres tiveram que se adaptar às condições climáticas...Por isso este próprio planeta tem diferentes forma de vida. Neste processo de criação, os anjos acompanham a obra de amor do Pai, já que nós fazemos parte do seu grande amor. Nesta época eu era um anjo. Ainda não tinha vivido aqui na Terra. Mas sabemos que o Pai é tão poderoso, tão perfeito, que não tiraria a humanidade do nada. Sua criação é muito perfeita, muito bonita. a humanidade surgiu de uma evolução, de um processo muito bonito, de construção, de força, de crescimento, de aprendizado.

— Sim, mas você não me disse como você veio nem quem era você. Um dia, em nossas conversas, você me disse que foi um homem " grande' , " barbudo" ... Você faz parte da História? Você viveu na época da Pré-História?

— Verinha, dentro da evolução na qual o homem começa a descobrir os grupos, as relações sociais, os processos de evolução, de trocas, o Pai sente necessidade de enviar alguém que traga ensinamentos e continue a mostrar os indivíduos, que aqui vivem, o caminho de ligação que os leva a Ele, ao Seu amor, aos Seus *ensinamentos, Ele envia João, que significa o retorno ao Pai. João foi uma experiência muito importante. Sua primeira missão foi ensinar a partilha, a dividir, a viver em comum e, este ensinamento, através do amor, foi a primeira ' boa nova do amor", a " boa nova das relações sociais" . É importante e lindo o que o Pai mostra aos homens. Mas esta missão foi muito pequena se comparada com as que vieram depois, se comparada com as obras que a sucederam. João veio somente para preparar o caminho. Construir e preparar os indivíduos para algo muito maior, para uma mensagem muito mais profunda e complexa. Por isso, além de ter sido o homem João, sou também o Gabriel, que significa o enviado, um mensageiro de boas notícias. O meu fim foi um pouco trágico, mas não vamos falar disto.*

VII

Um Fio De Amor

"O amor não passa jamais"
(1 Cor 13,8)

– *Verinha, o objetivo do livro é trazer mensagens que iluminem e modifiquem a vida das pessoas. A tua vida, o teu crescimento, o teu desenvolvimento e a tua proximidade com o Pai são um exemplo de caminhada. A tua história de vida é a história de uma pessoa comum. És uma pessoa forte, digna, bonita, que luta por seus ideais, que tens o pensamento firme, que mesmo com algumas quedas se levanta e vai em frente. Que tentou e tenta sempre mostrar aos outros o amor, que é uma forma de buscar o Pai. Que não discrimina as religiões, os negros, os homossexuais, as mulheres. Que sabes partilhar e compartilhar. Verinha, a leitura deste livro é uma história sim, é uma história de vida de alguém que já tinha fé, mas que foi se descobrindo através de uma caminhada, dando um passo de cada vez. Duvidando, acreditando,buscando.*

Este livro também é importante para que as pessoas acreditem que a vida é feita de lutas, de alegrias, de decepções, mas que o Pai está junto. Que as pessoas têm alguém em quem se apoiar, pois existe algo maior além dessa existência. Se acreditarmos e pudermos ver, chegaremos junto ao Pai. Através da vontade própria de cada indivíduo, nossa vida vai ficando melhor, nosso dia a dia mais gostoso, na busca da nossa liberdade, na ausência de preconceitos. Viveremos melhor com as outras pessoas e seremos mais livres. Verinha, tua vida é um exemplo. Muitas pessoas não precisam do livro, pois a convivência contigo e com e outros que emanam essa mesma luz será suficiente para que tenham fé e acreditem na existência do amor, na existência de um Ser que é Amor

— Sempre me preocupo com meus filhos, na verdade não sei se estou educando-os bem.

— Minha Verinha, o Pai nos ensina muitas coisas e também a maneira de falarmos com cada indivíduo. Antes se falava por parábolas, hoje, se não falarmos de política, das novas tecnologias, de informática, as pessoas não compreenderão. Não é que o Pai mudou a forma de se comunicar é que foi se atualizando.

Mas eu sei de um assunto que estás ansiosa para falar. Vamos abordar uma questão já adiada muitas vezes. Vamos falar da reencarnação e também do renascer. Afinal, existe ou não existe? Para algumas pessoas existe, para outras não. E para o Pai, existe? Esse é um assunto,que quando começa a ser explicado,se torna muito polêmico. Se disser que existe a reencarnação e a pessoa tiver uma determinada carga de conhecimento ela *vai acreditar de uma forma. Agora, o outro indivíduo que tem outro determinado conhecimento, que acredita que a reencarnação é usar o corpo de outro, ele vai acreditar de outra forma. A palavra reencarnação para os dois casos é a mesma, mas o sentido, o que significa, é que é diferente.*

– O que eu entendi sobre reencarnação, isto é, o que as pessoas que acreditam me explicaram, é que a pessoa morre e, mais tarde, o espírito dela retorna com outro corpo, mas é a continuação da vida da mesma pessoa.

– *Verinha, esta é uma visão, mas não é só isso. Não pode ser interpretada só desta forma. Vamos analisar: alguém reencarnou e continua a sua vida da maneira que tu estás falando, mas nasce numa outra família, num outro nível e vai continuando a sua existência. Mas onde está a existência do ser que acabou de nascer?*

– Não sei! Não entendo isto!

– *Verinha! Existe uma evolução natural da humanidade. As pessoas nascem geneticamente.*

– Mas isto foi no começo, no início da humanidade.

– *Não! Deixa eu te perguntar, como é que tu nascestes?*

– Do pai e da mãe!

– *Temos que analisar como cada indivíduo nasce e o que é sua alma, a parte espiritual de cada um. Mas não podemos considerar as duas independentemente, pois senão teríamos , por exemplo, milhões de almas para* reencarnar. Nascem muitas pessoas todos os dias e acreditamos que ao Pai é dado o poder da criação de cada indivíduo, ou seja, cada um que nasce é obra Sua.

— Então quando as pessoas nascem a alma também está nascendo?

—Sim. Vou explicar: existem entre os indivíduos várias crenças, mas só existe uma verdade. Cada indivíduo que nasce de uma família ou mesmo uma criança que foi criada em laboratório, todos têm alma. Chega ao coração uma energia que nos liga ao Pai. Esta energia é o amor, é o sentimento que nos une ao Pai.

— E os bichinhos também têm?

— Eles têm a sua forma de energia que os liga ao Pai, mas para o homem criou-se a denominação de alma.

— E antes da pessoa nascer pela primeira vez? Onde ela estava?

— Ela estava numa proximidade com o Pai. Como se estivesse num estado de dormência.

— Então todos estavam junto ao Pai?

— O Pai criou o mundo, o Pai criou os indivíduos.

— Como se fossem um pedacinho Dele?

— Sim. O Pai toma conta de cada ser e toda vez que um indivíduo é gerado, o Pai o toca em seu amor dando-lhes os sentimentos, isto é, a sua alma. Ao indivíduo cabe alimentar e fazer evoluir seu coraçãozinho.

— E como voltamos para junto do Pai?

— É assim: quando o indivíduo nasce, o Pai tira um pedacinho de si e coloca naquele indivíduo. Ou seja, libera um pouquinho da sua energia para aquele coraçãozinho, para que ele tenha sentimentos, inteligência. Depois o indivíduo fica responsável por seu coração e vai evoluindo até chegar ao Pai. Para os animais e os outros seres, Ele também libera a Sua energia só que um pouco diferente.

– Quando você nasceu pela primeira vez, já era um anjo?

– Existem muitos seres que já estavam junto ao Pai, por exemplo, os anjos. Mas, eu ainda não tinha tido o privilégio de habitar entre os homens.

– Mas os anjos também fazem parte Dele?

– Só que com uma luz maior do que a dos seres humanos. Já fazem parte da luz de Deus. Os homens fazem parte da Sua energia e depois vão fazer parte da Sua luz. Vamos colocar assim: na minha existência eu era uma grande luz, acompanhava o Pai e foi necessário que eu viesse para esta existência. Eu tive que ter um corpo, encarnei.

– Era o João?

– Sim, eu era o João.

– E a alma dele existiu e viveram juntas, no mesmo corpo?

–Não são duas almas. Eu era o João, eu era a alma do João, pois era eu que estava nascendo. Eu fui uma pessoa que nasceu, que cresceu, que precisava...

– Então, quando o João nasceu e o Pai lhe deu a alma, a alma do João era você?

— Sim, Verinha. Eu era a energia do Pai e nasci com o corpo e me chamei João. Somente ao meu retorno ao Pai que fui Gabriel.
— Quando você retornou se lembrou que era uma luz?
— Só quando eu retornei para junto do Pai.
— Eu sei, mas aquela energia que estava nascendo no nenenzinho, que estava se formando, era a sua?
— Era a alma que estava nascendo.
— Eu ainda não consigo entender direito! Se funde uma com a outra? Quando você retornou ao Pai, você se tornou Gabriel? E a alma própria do João?
— Era eu, era eu!
— Então só tem uma alma?
— Sim, é isso que estou tentando explicar. Nasceu o João, que era eu. Porque na minha primeira existência eu não era um indivíduo, eu era um anjo. Mas o Pai também nos ensina e nos faz compreender as diversas existências. Assim, eu era um anjo, uma luz do Pai e depois nasci aqui na terra. Nesta época não tinha lembranças de que já havia sido um anjo, pois se eu nasci aqui, eu tenho que ter o mesmo conhecimento e a mesma capacidade do que as pessoas daqui. Depois desta existência o Pai foi me chamando para mais perto Dele. Como, anteriormente, eu era um anjo, minha alma já era luz, por isso não precisei passar por outras existências para evoluir e chegar ao Pai. Algumas pessoas acham que isto é reencarnação, mas este pensamento não está correto,

pois eu não passei outras vezes por esta mesma existência, eu não reencarnei, eu encarnei.
– Você nasceu, mas nunca mais nasceria aqui de novo? Nunca mais vai viver aqui como pessoa?!
– *Como indivíduo não. Eu posso voltar para me comunicar, para conversar, para colaborar, ajudar as pessoas que estão nascendo. A maioria dos indivíduos nasce uma única vez. Ninguém ocupa o espaço de alguém que vai nascer.*
– E se uma pessoa vai viver numa outra existência, sem corpo, o que vemos dela?
– *Ao olharmos o indivíduo nessa outra etapa vemos o que tu verias ao olhares a fisionomia de uma pessoa. O que se enxerga aí, não todos, mas a grande maioria, é a alma do indivíduo. Ao olhares a Suzana consegues enxergar a sua alma, pois o que reflete em seu rosto é a alma. É por isso que em outras existências pensamos que vamos encontrar fantasminhas, que não vamos reconhecer as pessoas, mas vamos sim! Irás olhar e achar que nada mudou, mas mudou, porque o que vês é a alma do indivíduo. Não sei se me compreendes. É assim: em outras existências irás encontrar, por exemplo, a tua família. São as mesmas pessoas, elas estão ali. Vais olhar a Carmem, a fisionomia do Rodrigo, a Suzana, a Isabel, sabes, são eles. Mas, ao mesmo tempo, não existe matéria, mas tu não conseguirás distinguir se existe matéria ou não. É assim que nem hoje, o Pai não faz duas*

pessoas iguais, cada indivíduo é único, porque a alma de cada indivíduo é única.
— Eu já posso ter vivido em outra existência?
— Tu podes ter estado junto ao Pai, em outra existência e estar passando, pela primeira vez, com corpo e alma, por esta existência.
— E onde eu estava?
— Eu acredito que tu estivestes junto ao Pai.
— Será?!
— Pertinho, mas não tão juntinho, mas pertinho.
— Você que é arcanjo fica juntinho?
— Não me faças ganhar puxões de orelha do Pai!
— Sou eu que estou falando e não você. Mas conclua o que estávamos falando. Daqui a pouco, a Suzana fica cansada e você tem que ir embora e aí, eu vou ficar mais uma semana esperando a conclusão.
— Está certo. Vamos falar sobre o renascer. Renascer não significa que a pessoa está nascendo, ela está renascendo espiritualmente. Ela está morrendo para nascer de novo.
— O corpo dela morre?
— Não. O renascer tem várias formas, pois eu posso morrer espiritualmente, sem ter morrido corporalmente, para nascer de novo.
— Mas como fica o corpo de indivíduo que morreu para nascer de novo?
— Em determinado momento, morre-se para nascer novamente. Morreu. Não o corpo, mas o espírito.

É uma forma de pensar, de evoluir. O nascer de novo para esta vida é um novo ânimo. Etapas de sua vida que foram vencidas. As pessoas que evoluem morrem para nascer de novo.
– Mas o espírito sai da pessoa?
– Não! Vamos dizer que é assim. Você tem uma amiga que numa etapa da vida dela estava com uma pessoa que não construía nada, que a dominava. A partir do momento em que ela conseguiu se libertar, ela morreu. Foi um grande choque, mas ela renasceu para a vida. Então, a pessoa morre a nível de sentimento, a nível de tristeza ou também pode ser a nível de uma grande alegria. Renascer, novamente, nesta mesma existência. Por isso há pessoa que sofrem tanto e depois renascem para esta vida, voltam a acreditar, a ter fé. Mas, essas pessoas precisavam morrer espiritualmente para aprender a amar, a conviver, a acreditar, para depois renascerem. Cada indivíduo, que nasce, tem sua alma, mas existe também o seu próprio aperfeiçoamento, pois se somos essa energia, temos que ter a capacidade de ir evoluindo. Então passamos pelo processo inicial que é o de vivência, com o corpo, utilizando uma determinada capacidade de nossa mente, pois nessa etapa utilizamos só aquilo que nos é necessário. Fazemos uso mais dos instrumentos que nos facilitam o viver: os braços e as pernas. Posteriormente usamos muito mais a energia que nos foi dada para nos comunicarmos, do que o corpo físico. Mas, Verinha, a utilização destes meios e da mente,

o aprendizado do amor faz parte de um processo educativo. Alguns precisam aprender a amar, a compreender e a repartir, mas nem todos passam pela mesma experiência. A alma de cada indivíduo é única, é o nosso espírito, é a nossa energia que evolui. Há outras experiências para a pessoa aprender. Quando algumas pessoas dizem que alguém reencarnou, podem estar falando do indivíduo que passou alguns momentos aqui na terra, aqui nessa existência, mas sem corpo. Pois a pessoa pode existir na forma de luz, se comunicando, aprendendo e evoluindo, não necessariamente tendo nascido na forma de um indivíduo. Existem ainda aqueles que mesmo vivendo toda uma existência, não tiveram a capacidade de aprender nada. Mesmo tendo toda uma existência de vida, não tiveram a capacidade de passar para uma etapa superior, que é uma etapa onde não existe mais necessidade de um corpo material. Por isso, algumas pessoas necessitam existir novamente desta forma material.

– Por isso existem pessoas que afirmam que reencarnaram?
– Sim.
– E quem renasce?
– As pessoas que renascem em vida.., acontece com muitos.Passam a acreditar na existência de um Deus maior. Como acontece contigo, vais renovando a tua existência, estás crescendo nesta existência aqui. Fostes uma pessoa que evoluiu muito rapidamente, por isso,

passas a compreender, de uma forma tão clara, o que está acontecendo.
– Mas todas as pessoas evoluem e chegam ao final desta existência quando já estão mais velhos, com uma visão clara?
– *As pessoas não evoluem da mesma maneira. Cada uma tem a liberdade de evoluir quanto quiser. Caso se prenda a uma determinada coisa, não evoluí, mas é uma liberdade...*
– Certo. Mas vamos ver, ela vive esta existência, morre, aí vai viver outra existência?
– *Com amor, com liberdade.*
– Sem corpo?
– *Pode ser que sim, pode ser que não. Cada indivíduo é único. Um grande número estuda, aprende, se exercita, e o Pai os vai trazendo mais para perto Dele.*
– Há pessoas que vão continuar a existência sem corpo, mas e os outros, que ainda não evoluíram e precisam de corpo?
– *Alguns retornarão a esta existência, claro que não na mesma época, porque também passam por um processo de aperfeiçoamento, mas outras pessoas, por não terem evoluído o suficiente, terão necessidade de caminharem novamente nas mesmas pegadas, mas num tempo muito diferente. A relação de tempo é muito diferente: vives agora 1996, e se fosse necessário voltares, poderia acontecer de, não ser mais nessa existência, nesta forma de existência..*

— Se uma pessoa precisa voltar com o corpo nessa nova existência, volta com um corpo diferente?
— *Verinha, sempre vamos ter esta aparência. Temos talvez algumas mudanças, mas a idéia de imagem é sempre a mesma.*
— E se a pessoa primeiro nascer em outro "planeta" e depois nascer aqui?
— *A alma de pessoa é esta, é sempre a mesma.*
— Mas você já disse que o que a gente vê é a alma e se a pessoa nascer em Marte? Conforme você disse , a gente está dando exemplos de planetas só para podermos nos entender melhor. Mas se a pessoa já foi um "marciano verdinho" ?
— *Você vai ver o mesmo indivíduo. É assim: alguém viveu em outro planeta e, se precisar nascer de novo aqui na Terra permanece com a mesma alma, a mesma fisionomia, mas em forma humana. Pois a alma do indivíduo reflete sua alegria, seu amor, e muitas vezes a tristeza, a angustia. É como se a fisionomia do indivíduo fosse de vidro e, ao olharmos para sua fisionomia pudéssemos ver, através dele, o seu caráter*
— Gabriel, toda pessoa que nasce pela primeira vez ganha sua alma. E só se ganha a alma uma vez? E se a pessoa precisar nascer de novo, volta a esta existência?
— *Sempre que a pessoa nasce pela primeira vez ganha sua alma,que será única. Caso o indivíduo não evolua nada, e essa hipótese de nada é quase impossível, porque sempre se evolui um pouquinho, este indivíduo*

passará primeiro por um estágio de aprendizado, porque nada é imediato e depois continua evoluindo em outras existências. Pode acontecer de alguém voltar nesta existência, mas são casos muito raros. São casos específicos, quando é necessário se cumprir determinados atos ou funções. Estes casos não são para a pessoa evoluir, pois para isto existem outros espaços.

– Se a gente tivesse uma foto da pessoa e pudesse conservá-la por um período bem grande, quando a pessoa voltasse e pudéssemos comparar, seriam parecidas?

– *Sim, se nessa foto tu conseguisses captar a profundidade do indivíduo, a alma do indivíduo. Porque o que se mantém é a essência do indivíduo. Mas há pessoas que conseguem transmitir, através de sua fisionomia, toda sua energia. Quer que eu te fale, uma pessoa que é assim, para compreenderes? A Isabel. Sabes que ela pode mudar, mas se olhares para ela, reconhecerás, pois é o mesmo carisma,. Podes observar e perceber como ela mudou, mas se, de repente, ela se encontra no meio daqueles que a amam, volta a ser ela mesma. Então, se uma pessoa precisa retornar, ela trás essa energia junto de si.*

– Outra coisa. Por que, todas as pessoas que mandam mensagens e que são psicografadas aqui, falam de um mesmo estágio, como se todas estivessem num mesmo lugar? É porque é uma etapa onde elas podem se comunicar?

– Cada pessoa passa por vários estágios e a maioria das pessoas que dão notícias faz parte do mesmo estágio. Há pessoas que estão em estágios mais avançados e não querem mais se comunicar e outras que estão ainda em fase de aprendizado e não podem. Mais tarde, quando podem, aqueles com quem gostariam de manter contato já estão próximos a eles ou já evoluíram tanto que a comunicação não é mais necessária. A comunicação muitas vezes se dá através do coração.

– Gabriel, se uma pessoa morre em acidente ou se uma criança é abortada e não tiveram chance de evoluir, elas vão ter que voltar para se aperfeiçoarem? Você uma vez me disse que as pessoas morrem quando acham que não tem mais nada a fazer nesta vida, mas que também existem as fatalidades, os acidentes, as doenças...

– Se uma criança for gerada e por algum motivo não chegar a nascer, sua energia retorna ao Pai. É assim: no momento da concepção emana do Pai uma energia que vai até esse novo ser, como se fosse um fio de ligação e que só se rompe no nascimento; se não houver nascimento o fio não se rompe e a energia retorna ao Pai. Se uma criancinha nasce, passa por essa vida muito rapidamente, e morre, volta para próximo do Pai. Porque não precisa o indivíduo sofrer nessa vida, para evoluir. Ele precisa passar pela vida, e se por uma fatalidade sua passagem for um pouco mais rápida, ele pode se aperfeiçoar em outro estágio. Vai ter que crescer, vai ter que evoluir, vai ter que se aperfeiçoar. Vão existir, em outras existências indivíduos que o ajudarão a crescer. Algumas pessoas acham que esses seres são mais privilegiados que os outros, mas não são, Verinha, porque não é um acontecimento alegre ver uma criança morrer. Mas eles dizem: "Ela não sofreu". Mas também ela não viveu. ."Ela não teve maldade", mas também não pode aproveitar essa vida que também é muito bonita.. Porque aqui, nesta vida, não é só maldade não, aqui não tem só coisas ruins. Esta criança vai passar para outro estágio. Vai ser cuidada, vai ser carregada no colo, vai ser abraçada. Porque não é só nesta existência que as pessoas se abraçam.

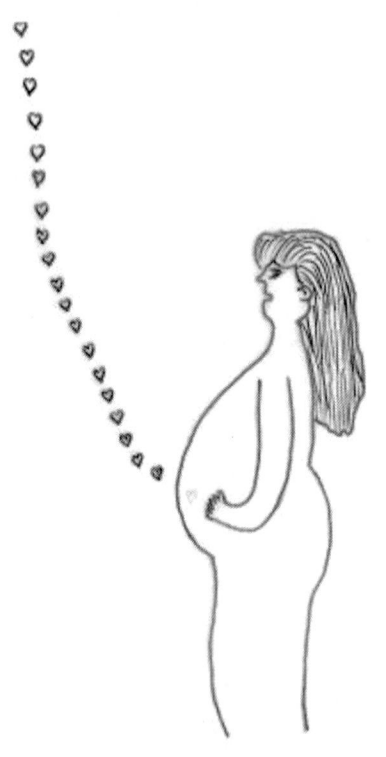

Alexandre - 8 anos

– Mas você tinha dito que os anjos não se abraçam...

– *Os anjos estão em outro estágio, mas não me perguntastes sobre os indivíduos. Entre os indivíduos existe o companheirismo, o carinho, o abraço sem egoísmo.*

– E aquelas pessoas bem ruins, horrorosas, quando morrem vão para onde? Será que não tem um lugarzinho para elas perceberem que a vida não é tão fácil assim? Estas pessoas vão ter que voltar com corpo, para aprender?

– *Há muitas etapas. Cada indivíduo tem o seu caminho a trilhar nesta existência e depois nas outras. Cada um segue um caminho diferente do outro. Todos se reencontram no final, com o Pai. Mas estas pessoas vão ter que aprender.*

– Eu estou perguntando por que se uma pessoa estiver lendo o livro, e for meio ruinzinha, ela já pensa um pouco em melhorar.

– *Todos vão ao Pai, mas o caminho é mais longo. A cada estágio estamos mais perto do Pai. E quanto mais próximos do Pai, mais o coração fica sensível, e se vai descobrindo que a maldade, o ódio, não levam a lugar nenhum, e que não nos permitem ficar mais próximo do amor, de uma vida melhor, mais próximos de ver um mundo mais digno, onde as pessoas são respeitadas. Mundo onde não existe ódio, onde ninguém é humilhado, ninguém é pisado, onde você colabora para que a vida seja melhor... Existem o caminho e cada um faz a sua opção. O fato da pessoa hoje saber que a próxima etapa, ou a leva para mais próximo do Pai, ou ela vai sentir todo o sofrimento que já fez alguém passar, já é um motivo para fazê-la parar e pensar em como deve agir. "Serás colocado frente a frente com aquele que machucaste. Irás sentir toda a dor que já fizestes alguém passar" – lembras quando falamos disto? É como recordar em*

câmara lenta. É como se a vida toda fosse passando frente aos olhos. A cada coisa boa parasse e o indivíduo pudesse se alegrar, mas que a cada coisa ruim que fez ao seu irmão, o tempo demorasse a passar e sentisse todo sofrimento que impingiu a alguém. Mas a todo indivíduo é dado o poder de escolha. Então, não faça a teu irmão o que não farias a teu Deus, nem a si próprio. Ama a teu Deus e a teu próximo como a ti mesmo.
– A pessoa sai desse estágio e passa para outro?
– Esse estágio pode demorar tanto!!!!!Fique em paz!

VIII

A Dor

> *"..todo aquele que crê em mim,*
> *mesmo que esteja morto viverá..."*
> *(Jo 11,25)*

Não acredito! Perdemos as eleições! Onde erramos? Nossa tristeza é muito grande! O Gabriel afirmou que quando acreditamos em algo com toda nossa força e vamos ao encontro de nosso desejo com garra, coragem, sem desistir frente aos obstáculos, sempre saímos vitoriosos. Fizemos tudo isto, muitas pessoas se juntaram a nós E a Isabel? Por que também perdeu no município dela? Muitas pessoas acreditaram... E agora, o que falo para elas? Fico pensando... Será que a vitória é o resultado final? Ou será que é a caminhada? O crescer juntos?

– Você já sabia, né Gabriel? Sabia que íamos perder?

– *Não, não é assim. Não está planejado. Tenho uma visão das possibilidades. Eu sei que isto não consola, mas também estou muito triste.*

– Tanto trabalho! Tanta força! Trabalhamos com garra, acreditando. Sei que eleição não é tudo, mas vivemos nesta terra, onde o resultado final importa. Eu agora tenho uma visão de como a vida continua depois desta existência, mas a maioria das pessoas não tem. Foram educadas para a vida terrena e esperam ter resultados aqui mesmo e precisam de um estímulo, para continuarem a luta, para continuarem sendo bons. E o que digo para elas? O que escrevo no livro?

— Verinha, tem muita coisa para a gente conversar, é que também sofro com o sofrimento de vocês. Também compreendo o que significava vencer com uma votação expressiva. A alegria que teriam naquele momento, não volta, porque muita coisa aconteceu, muita coisa já se passou. Não adianta agora apontar culpados para as falhas na campanha, porque também vás lembrar de coisas que foram feitas com amor, carinho, dedicação. Cada pessoa que colaborou com a campanha foi voluntária e deu o máximo de si, dentro de suas possibilidades.

Esse é um momento importante para falarmos da vida de Nosso Senhor Jesus Cristo. Como tu bem colocaste, a missão de Jesus Cristo não terminou no momento de sua morte, quando foi pregado na Cruz e ressuscitou. Aí começou sua missão de amor. Eu sei, Verinha, que é difícil comparar e querer que os indivíduos acreditem numa vida melhor, mais digna, quando há tanto roubo, tanta corrupção. Quando, algumas pessoas, em quem acreditamos se omitem. Todos os que promovem as injustiças se igualam aos bandidos, aos assassinos.

Mas temos muito ainda a conversar. Sei que gostarias de externar suas mágoas. Sei que as minhas palavras nada justificam. (Gabriel por estar muito emocionado, se cansou demais e precisou ficar um tempo silencioso, para recuperar a energia gasta). *Passou por minha vontade vir só mais algumas vezes e deixar que sigas a tua vida, sem que eu fique influenciando o teu dia a dia, pois a tristeza que se abateu em meu coração também foi muito grande. Sei que as pessoas às vezes perdem a fé em si mesmo, pois em determinado momento acreditam e acreditam com fé, e as coisas não se concretizam da forma que gostariam.*

– Em primeiro lugar eu não poderia mais caminhar sem você. Só tenho a agradecer tudo que tenho aprendido e evoluído. Estou triste e decepcionada porque não compreendo. Você não disse que quando a gente acredita em algo e luta com garra, com fé, tudo dá certo?

– *E vai. Só que não da maneira que a gente gostaria e é isso que é tão duro, pois às vezes, quanto mais acreditamos, mais duro é para nós, pois nós somos o exemplo, a fortaleza e para nós dói mais.*

– Eu acreditava que através de você vinha a força do Pai e por causa da minha certeza muita gente acreditou e começou a lutar com garra, sem sacanagem e, apesar de termos perdido, muitos ainda acreditam que alguma coisa vai acontecer.

– *Vocês estão muito unidos e o mais bonito é que acreditam que podem fazer algo pelos indivíduos menos favorecidos, sem nada receber. Não guardem raiva ou ódio pelos que se omitiram, porque a omissão maior é daquele que tem em suas mãos o poder de decisão, daquele que tem a capacidade de discernir o que é certo do que é errado. A vida não acaba em uma eleição. Nem na vitória, nem na derrota. É o começo. A luta do dia a dia. Vocês estão demonstrando isso, quando não pararam de lutar, quando não deixaram a tristeza vencer, pois a vida é muito mais importante.Mas te peço para não brigares, para não sentires raiva daqueles que têm menos responsabilidades, daqueles que podiam ter feito algo mais. Podem ser pessoas da comunidade com quem vocês trabalham. Não te tiro o direito de fazer a pessoa tomar consciência que errou,mas não coloques todos na mesma balança, com o mesmo peso e a mesma medida. A vida não termina numa eleição.Nem na derrota, nem na vitória.É o começo. A luta do dia a dia. Apesar da tristeza vocês estão conseguindo ver o dia de amanhã.*

– Será que a tristeza é para fazer parte do livro? Eu não sei porque a gente tem que passar por tudo isso.

– *Lembras, quando Nosso Senhor Jesus Cristo morreu, ele iniciou sua missão de fé. Ele ressuscitou.*

– Eu sei, falei isso para minha filha, mas ela me respondeu que Ele teve seguidores exatamente porque ressuscitou, pois era algo extraordinário. Se tivesse só morrido...

— Teria seguidores? Talvez menos, mas continuaria tendo, pois não foi somente o fato de ter ressuscitado, ele não ressuscitou em frente de todos, só para poucos. Mas Verinha, voltando às eleições, o teu candidato recebeu os votos necessários para ser eleito.

— Ele ia ganhar, isso nós sabemos e agora não sei como continuar as minhas mensagens, de que, "se fizermos tudo certo, com honestidade, venceremos no final". Sei até como escrever, mas lá dentro de meu coração, acho tudo tão injusto! Onde fica Deus nessa história toda? As pessoas trabalharam duro, com honestidade, alguns rezaram, até a Talita, líder comunitária, acendeu uma vela, pediu, e agora? Que resposta dar para essas pessoas? Como tirar as tristezas de seus corações?

— Verinha, este Deus também é consolador.

— Mas não queremos consolo!

— Ele também é vitorioso. Cristo venceu a morte! Mas não te esqueças, dê sempre um passo de cada vez. Deus também é vitorioso e a Ele nada é impossível.

Toda esta conversa foi num clima de muita tristeza. Agora percebo que tudo pode acontecer com qualquer pessoa, coisas boas e coisas ruins e que não depende só da gente. Faz parte da vida, do aprendizado. A Isabel me disse uma coisa muito bonita. Ela concorreu porque, no fundo de seu coração, não conseguia ficar tranqüila se não segurasse a chance que tinha de fazer algo pelas pessoas mais sofridas. Por isso se candidatou. As pessoas tinham a opção de votar nela. Se, por algum motivo não o fizeram, não podem mais tarde, culpa-la por omissão e ela agora pode , continuar a sua caminhada com a certeza de ter feito o máximo dentro de suas possibilidades.

Há muito tempo atrás, Cristo foi um exemplo de vida voltada para o ensinamento do bem, para o povo. Imagine a tristeza que se abateu sobre Ele, quando seus seguidores tiveram medo e não o apoiaram!

Dez dias depois voltamos ao assunto das eleições. Um fato inédito! O Tribunal Regional Eleitoral descobriu que os votos de três urnas não haviam sido totalizados! Renasceu a esperança da vitória!

– *Eu queria que lembrasses de uma pequena coisa que falei na nossa última conversa, que Cristo ressuscitou. Lembras que falei que nem sempre as coisas acontecem da maneira que queremos?*

– Não entendi.

– *Se Cristo tivesse somente morrido a Sua missão estava cumprida sim, também era importante. Ele era o filho de Deus que morreu pelos homens, mas o Pai nos deu algo mais: Cristo ressuscitou, além de ter morrido por nós. Ressuscitou, vencendo a própria morte, nos dando a esperança de uma vida maior e nós estávamos falando, naquela hora, da campanha eleitoral. O que eu quis dizer, é que não se pode deixar de ter esperança, mesmo quando nossos sonhos dependem dos esforços de todos. Cristo, ao ressuscitar, é um exemplo aos homens, não se pode perder a esperança. Mas, Verinha, meu coração se alegrou muito ao ver que, apesar de todas as injustiças e arbitrariedades, algumas coisas começam a seguir o caminho da justiça e da veracidade.*

– Agora entendo porque você não pode interferir no nosso dia a dia! Se você falasse alguma coisa mais concreta, talvez a gente até não lutasse ou se esforçasse para que fosse feito justiça.

– *As coisas acontecem porque passamos a acreditar que podemos mudá-las.*

– Mas não é sempre...

– *Verinha, quantas injustiças acontecem! Se nós não tentarmos mudá-las, as coisas permanecem sempre injustas. Por isso é tão bom acreditar e tentar alterar, apesar do desânimo que se abate sobre cada indivíduo.*

– Me diz uma coisa. Deus podia ter impedido que perdêssemos?

– *Não é uma questão de poder, é mudar o sentido de uma caminhada. Às vezes demoramos um pouco mais para chegarmos num caminho, mas o Pai sempre nos estende a mão, para que consigamos chegar.*

– Mas eu penso assim: na nossa vida terrena, se tivéssemos vencido com uma votação expressiva, sem roubos, sem ter dinheiro, mas fazendo atividades para conseguir, sem sacanear ninguém , não teria sido uma lição bem maior para aqueles que roubaram?

– *E cadê a lição para esta conquista? Porque muitas vezes pensamos nos erros dos outros, mas será, que se a vitória fosse esmagadora, o teu candidato* aceitaria as críticas que hão de vir? Será que mudaria a forma de fazer política? Não podemos só querer provar aos outros que estão errados, mas os indivíduos também precisam parar, pensar e reavaliar a postura que estão adotando. Verinha, o teu sofrimento foi muito grande, pois sentes o sofrimento dos indivíduos, porque o teu amor está interligado ao amor dos outros, não sofres só por ti, mas sofres pelos outros, sentes a tristeza dos indivíduos.

– Sei, mas agora vamos falar de um outro assunto...
– Verinha! Tu ainda nem ganhastes a eleição!
– Eu sei, mas apesar da tristeza quero saber da minha possível viagem a São Paulo. Como me comunicar com a escritora Sara se nem falo inglês?
– Está certo! Vamos falar um pouco sobre isso. Mas sabes que não posso decidir por ti. Vamos aos pontos positivos e negativos. Tu sabes que ela é uma pessoa especial, que tem uma força espiritual muito grande; é uma pessoa dotada de uma grande sensibilidade e que está em sintonia direta com os anjos. Por outro lado, a dificuldade de expressão poderia não permitir que vocês interajam da maneira que deveria ser. Também, com todas as mudanças que estão ocorrendo agora, em relação ao resultado das eleições, a tua presença aqui se faz muito necessária. Não podes abandonar os indivíduos neste momento. É preciso estares junto para não deixar as pessoas desanimarem. O surgimento dessas urnas cujos votos não foram computados, abre uma esperança

no coração das pessoas que ainda creditam. Não deixes a chama se apagar. Existe a necessidade de haver uma dedicação maior. Eu sei que parece que tu tens que estar presa aqui, mas são as necessidades do caminho, mas gostaria que sentisses, dentro de teu coração, o que deves fazer.

– Mas eu queria tanto conhecer a Sara!

– Posso dizer uma coisa que às vezes esqueces? O livro é a tua existência, então, o seguir o teu caminho é dar continuidade ao desenvolvimento deste livro. Não vá esquecer, o livro não pode ser colocado acima de tua existência.

– Entendo. Vou deixar a ida a São Paulo para outra ocasião.

– Verinha, digas a Isabel que quando ela está perto de outros indivíduos e acredita nela mesma, não só reflete sua alma com uma pureza muito grande, como também está mais perto de seu caminho, da sua missão. Às vezes percorremos caminhos um pouco mais longos, mas chegamos depois perto do Pai.

Maravilha! Dia 14 de outubro, recebemos a notícia da vitória! Havia os votos necessários nas urnas encontradas. Realmente Deus é vitorioso! A nossa felicidade foi imensa. Percebi que realmente somos os principais responsáveis pelos acontecimentos que nos rodeiam. Não podemos cruzar os braços e esperar milagres. Precisamos acreditar, pedir ajuda a nosso anjo e não desistir quando deparamos com alguns obstáculos.

Jesus Cristo venceu a morte! Estamos numa etapa inicial, temos muito que aprender, muitos passos a dar, embora seja um de cada vez, não podemos parar.

    Finalmente viajei , junto com a Suzana, para São Paulo, Nazaré Paulista, embora não tenha recebido resposta à minha carta, para encontrar Sara Mariot e passar um final de semana no Centro de Nazaré, um local de meditação. Não encontrei a Sara. Ela tinha viajado para os Estados Unidos! Então de lá, Suzana voltou e eu fui ao Rio de Janeiro, visitar minha família. Além de matar as saudades, conversei com algumas pessoas sobre o livro e Gabriel. Foi muita emoção sentir a alegria e ver a credibilidade nos olhos de minha mãe, meu irmão, tia, primos e, fiquei muito grata com o oferecimento de meu primo de fazer a revisão do livro. A viagem foi ótima, mas estava muito ansiosa e com saudades do Gabriel. Queria contar as novidades e saber a opinião dele sobre o desencontro com a Sara. No dia seguinte à minha volta, Suzana foi lá em casa e pude falar com Gabriel. Ele me disse que não deveria mudar o rumo de minha vida e por isso não me deu grandes explicações. Durante a nossa conversa, o telefone tocou e ele sugeriu-me que atendesse, pois estava tirando nossa concentração. Mas eu não fui e logo o telefone parou. Mal o Gabriel " saiu" o telefone tornou a tocar e a Suzana me disse para ir " de novo atendê-lo" . Ficamos muito assustadas, porque ela não estava " presente" na primeira ligação.

– Queria lhe perguntar uma coisa. Você acompanha a gente o tempo todo ou só quando eu me concentro em você?

– *Primeiro , o Pai te acompanha o tempo todo, sabe dos teus passos, da tua caminhada, tuas aventuras, alegrias, tristezas. Eu sei o que o Pai me permite saber.*

– Mas Ele sabe tudo de todo mundo?

– *Tudo de todos. Ele é um grande amor Verinha, por isso é tão grandioso. Afirmamos que é um mistério, porque não conseguimos explicar.*

– E quando você foi embora naquele dia, reparou no que aconteceu? A Suzana estava consciente? Não queria magoar, nem a você, nem a Deus. Achamos que algo estranho se passou com ela. Não compreendo como ela escutou o telefone.

– *Vou tentar te esclarecer. Provavelmente, em todo processo de comunicação através das pessoas, elas ficam num estado de semiconsciência. Por isso ela podem guardar alguma coisa em sua mente, sem ser proposital. Às vezes o indivíduo pode retornar por alguns momentos ao seu estado de consciência; outras vezes, em determinadas circunstâncias, o indivíduo guarda em seu subconsciente acontecimentos externos, como o barulho de um carro, um tocar de telefone...*

– O que eu achei estranho foi ela falar " vai atender de novo" .

— *Possivelmente estava no subconsciente dela o fato do telefone ter tocado e a dedução de que tu já terias atendido uma vez.*

É isto! Era só ter raciocinado um pouco. Como, eu não tinha atendido o telefone e a Suzana me diz para atender " de novo", é lógico que ela só escutou o ruído do telefone, não acompanhou a ação, que, na verdade, não ocorreu. Somente eu e o Gabriel sabíamos que eu não tinha atendido a ligação.

IX

Os Sinais

> "...*sabeis distinguir os aspectos do céu, mas os sinais dos tempos não sois capazes de reconhecer...*"
> (Mt 16,3)

Acho que fiquei muitos anos de minha vida intrigada com a vida de Jesus. Alguma coisa dentro de mim queria saber mais detalhes sobre esse personagem tão polêmico da História. Jesus viveu pouco, mas teve uma vida tão complexa que manteve seguidores até hoje e, ao mesmo tempo é pouco comentado nos estudos históricos.

— Meu Deus quantos acontecimentos! Ganhamos as eleições, festejamos e agora que a tranqüilidade voltou, vamos falar do personagem que admirei durante toda a minha vida? Quero saber da vida de Jesus...

— *Verinha, tu sabes que existiram muitos profetas que anunciaram uma vida melhor. Anunciaram a vinda de alguém que ia trazer uma mensagem diferente, um reino diferente, mas esses profetas não sabiam exatamente o que isso significava. Então alguns anunciavam a vinda de um guerreiro, outros anunciavam a vinda de um profeta maior, e outros anunciavam ainda a vinda de um pacificador. E esses* profetas iam preparando o caminho da vinda do Filho do Homem, da vinda do Filho de Deus, para que todos nós, sem exceção também fossemos filhos de Deus e irmãos em Cristo. Para que todos os indivíduos começassem a fazer parte de uma grande unidade em Cristo, Deus faz nascer, entre os homens aquele que é Sua imagem e semelhança, com um coração digno e ao mesmo tempo humilde e amoroso. Aquele que prega aos pequeninos. Deus envia e traz entre os homens o próprio Deus para que ensinasse o seu mandamento maior, que é o Amor.

Jesus Cristo é o Deus feito homem. Ele veio para reinar entre os homens. Mas o seu reino não era o da espada. O seu reino não era o da inveja e nem o do poder. Mas era o reino do amor, da glória, da paz e do perdão. Da união entre os homens, do resgate da dignidade da mulher, da criança, do pobre e do oprimido. Não veio para reinar entre os ricos, mas entre o povo sofrido. Entre aqueles que nunca tiveram um rei. Entre aqueles que não sabem, às vezes, se terão o pão à sua mesa. Entre o povo sofrido que não tinha moradia, não tinha onde descansar sua cabeça. Este era o rei.

E como foi tratado esse rei? Primeiramente nasceu de uma mulher simples, de um coração muito grande, de grande pureza de alma, chamada Maria, nome comum até hoje, e de José, carpinteiro, profissão também comum e que mais tarde ensina esse ofício a seu filho. São iluminados pelo espírito de Deus e concebem um filho. Que por ser o filho de Deus poderia ter nascido entre todos os anjos, mas nasce numa pequena manjedoura, entre os pastores. Mas este menino, este pequenino, é dotado de grande inteligência e compreensão, de um amor pelo próximo inigualável, de um coração muito grande. É uma criança rica em conhecimento e que tudo aprende, tudo questiona e vai evoluindo com muita rapidez. Esta criança evolui muito em seus primeiros anos. Brinca. Trabalha. Colabora com seus pais. Respeita os indivíduos, buscando constantemente aprender. Tem dentro de si, um amor e uma energia, que irradia aos que estão próximos a ele. Tem um carisma muito grande que a muitos causa temor e que outros passam a admirar.

– Queria lhe perguntar uma coisa sobre José.

– Verinha, Jesus era filho de Deus, como todos nós somos hoje filhos de Deus. Não interessa a forma como ele foi concebido. Pode até interessar a alguns homens de pouca fé. Não é a forma, mas o porque de ter sido concebido, isto é o que importa.

– Quando ele foi concebido, a energia que foi colocada dentro dele era igual a que é colocada em todos nós?

– Quando Jesus foi concebido todos os anjos do céu cantaram Glória, porque o Pai colocou naquele ser uma energia muito grande. Não que fosse diferente das outras energias. Ms, naquele ser que nascia Ele mostrava aos homens a Sua imagem e semelhança e dizia aos homens que não precisavam mais escutar os profetas, porque tinham ali, em carne e espírito, o significado de que todos eram filhos de Deus. E, quando a Bíblia nos coloca que aquele ser que nasceu, recebeu a inspiração do Espírito Santo é no sentido de explicar que toda a criança ao nascer está ligada à energia do Pai.

– Se somos todos filhos de Deus, qual é a diferença?

– Tento te dizer, que Deus em Jesus Cristo se fez homem. Por isso que ele é tão especial e ao mesmo tempo é humano. Todos passaram por esta existência. Deus passou através de Seu filho e passa todos os dias através de seus filhos.

– Não entendo! Então todo mundo é Deus?

– Todos temos um pouquinho de Deus.

– Por isso perguntei se a energia era igual. Pois todos nós temos a energia de Deus, mas com as existências vamos evoluindo e aí retornamos à luz do Pai. Por isso eu queria saber se Ele tinha a mesma energia. Acho que ele não precisou evoluir, já era o Pai.

– Ele já era a luz, mas também evoluiu. Claro que não da mesma maneira, pois já era a luz do Pai sim.

– Mas quando morreu, retornou ao Pai?

– Ele retornou ao Pai. Mas só que precisamos entender que Cristo é o Pai, mas também é o Filho. Porque ele não é toda a energia de Deus. Quando morreu não precisou passar por outras existências para evoluir. Já era luz. E permanece ao lado de Deus até hoje. Fica em paz!

Agora, passado o período das eleições, com a vida mais calma, mais tempo para pensar, lembro-me que

Gabriel me disse que o Pai tem me enviado sinais para continuar a caminhada.

– *Verinha, se caminhamos para uma evolução, também devemos estar preparados para recebermos determinados sinais. Se passarmos a acreditar que pequenas coisas podem ser sinais, estamos crescendo, estamos também passando a descobrir interiormente, o Deus de amor. Que é um Deus do dia a dia, que também nos acompanha. Se quisermos só coisas extraordinárias não vemos este Deus que está sempre próximo.Por isso existe este processo de evolução , de descoberta. Falei para você não ficar tão ansiosa, que as coisas iam acontecer a seu tempo e que cada passo é dado de uma única vez.. Temos que ir acreditando e evoluindo. Este Pai, que nos acompanha, que nos quer ver crescer, quer que acreditemos na sua mensagem. Se Ele está no nosso dia a dia é porque além de ser grandioso, também é simples, puro, humilde. É um Pai que vem para nos mostrar uma grande luz de amor. Compreenda que muitas vezes, as coisas que nos rodeiam não nos permitem ver esta luz, este amor, porque a vida é muito atribulada, mas se vivemos neste mundo e neste dia a dia, este Deus também compreende estas tribulações, as atividades dos indivíduos, respeita o espaço, as preocupações, o trabalho. O Pai visualiza tudo isto e, dentro do dia a dia, vai mostrando este caminho para depois, já que foi feito um compromisso de aliança, mandar um sinal maior.*

– Mas você também envia sinais?

– Eu sei que tenho te dado poucas respostas, mas também sou limitado. Tens todo o direito de perguntares, por exemplo, porque não apareci para você, como tinha prometido,(Gabriel havia prometido que apareceria para mim) e porque o Pai, que é tão poderoso, não concretiza este compromisso que assumi. Não tenho todas as respostas para as perguntas que fazes, mas te digo que o Pai, muito te ama e só quer o teu bem e busca que Seus filhos sejam pessoas especiais dentro de Sua criação. Tu és uma pessoa de muita potencialidade, tens uma visão diferenciada do que é viver, do que é nascer, do que é amar.

– E quais são os sinais que o Pai tem me dado?

– Ele tem dado pequenos sinais de vida da sua presença. De coisas que acontecem e vão culminando para a construção maior. Tem coisas que tu sabes que o Pai está junto. Por exemplo, a vitória nas eleições, não foi algo importante? Este foi um pequeno sinal de que é importante lutar, que devemos continuar lutando pelo que acreditamos. O fato de tua filha estar grávida é um sinal na vida dela. Do carinho que ela precisa, da tua atenção e paciência. A gravidez dela te fez pensar o quanto a tua neta também precisa de ti. A gravidez é um sinal no qual a pessoa decide sobre si mesma. Mas também é uma obra do Pai, pois o nascimento é uma ligação com Deus. A luzinha do carro que te guiou e os livros que têm chegado à tuas mãos são pequeninos sinais *que vão acontecendo para fazeres parar e refletir. Muitas coisas tens para fazer. Às vezes são coisas que incomodam, sei que estás cansada de passares pelas mesmas situações. Mas, se pararmos para analisar, muita coisa foi alterada nesta tua jornada. Outro sinal que te esqueceres foi a placa do carro.*

Este sinal, que o Gabriel se refere, realmente, foi muito interessante. Eu ganhei, um cartão com a imagem de Cristo, que no verso tem uma oração. Coloquei-o preso à porta de meu quarto. Um dia, quando ainda eu não sabia quem era que estava me passando as mensagens o cartão caiu no chão e me admirei porque não estava ventando, mas o prendi no mesmo lugar. Novamente ele tornou a cair e eu voltei a prendê-lo. Na terceira queda eu percebi que eram 15:00 horas e que a oração do cartão era para ser feita neste horário. Fiz a oração e pedi que Jesus me respondesse, quem era que falava comigo, através da Suzana. Depois que fiz a oração, prendi novamente o cartão (onde ele continuou até eu me mudar de casa) e não pensei mais no pedido. A noite, quando eu estava dirigindo o meu carro, parada no trânsito, me lembrei do pedido e, ao olhar a placa do carro da frente, fiquei emocionada ao perceber que era " ANJ 0013".

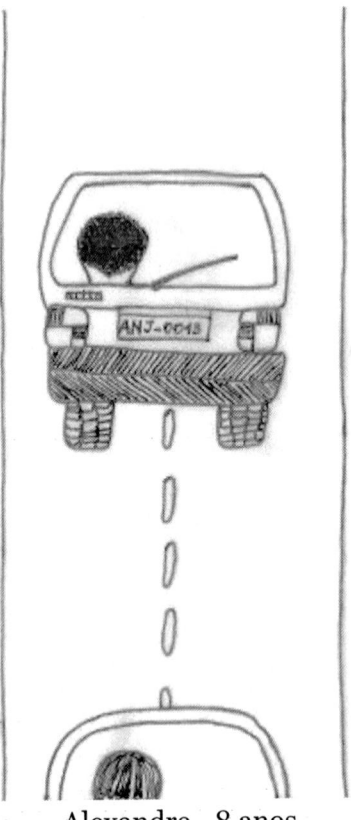

Alexandre - 8 anos

– Estás cansada porque muitas decisões passam por ti; o amor às pessoas é algo muito importante para nossa própria existência e quando amamos queremos o melhor para a pessoa amada. O teu amor pelos outros é que faz com que tua vida tenha sentido.
– Tem razão, ando cansada...

— O que queres para tua vida? Além de escreveres este livro gostarias de ter algo mais para fazer? Então continua a tua caminhada de um passo de cada vez, pois tens feito coisas importantes, sabes? Muitos indivíduos tem atividades diferentes. Ghandi foi um grande líder, que lutou pela paz, defendendo a não violência para libertar a Índia. Martin Luther King foi um grande líder, um idealista, que lutou por um país mais digno. E tu também lutas por um mundo mais digno, acreditando e lutando, dentro de teu ideal de vida. Existem os sonhos que ainda não se concretizaram, dignidade plena para todo cidadão. Por isso lutas por uma sociedade mais justa, mais fraterna.

— Além de escrever este livro, gostaria de ter um modo de fazer as pessoas acreditarem que existe algo mais além desta vida. Que existe um Deus de verdade! Não do modo como é ensinado. Gostaria de ter uma forma de mostrar a beleza da vida, o evoluir. Não de maneira a consolar as pessoas, mas para que as pessoas percebam que a vida é um estágio e precisamos acreditar na evolução.

— *Continues lutando, dando um passo de cada vez e cada coisa vai sendo colocada no dia a dia, no passo adiante que temos que dar.*

— Podemos falar um pouco de Maria, mãe de Jesus? Ela sabia que Jesus ia morrer na cruz?

— *O que foi anunciado à Maria é que ela seria a mãe de um salvador. Ela sabia que Ele ia sofrer, mas não* sabia que ia morrer na cruz. Ela sabia que Ele teria que aprender, que teria que ser alguém, estudar, se esforçar, participar, mas não sabia como. As coisas são anunciadas de uma forma evolutiva e muitas vezes a pessoa não tem , inicialmente, a capacidade de compreender aquilo que está sendo anunciado. Mas Maria, mesmo não tendo a capacidade de compreender, pois ela falou que não conhecia homem algum, querendo dizer com isso que não tinha nenhum relacionamento sexual com nenhum homem e que não poderia gerar um filho, mesmo assim ela se colocou à disposição do Senhor, mesmo não tendo o conhecimento pleno do que poderia acontecer. Por isso, muitas vezes é anunciado alguma coisa a um indivíduo, mas só posteriormente é que ele compreende.

– Mas quando foi que Maria percebeu que Jesus não era uma pessoa comum?

– Quando Jesus nasceu, ele tinha uma existência comum. Brincava como qualquer criança, o seu destaque era na sua inteligência, ele era uma criança muito dada e companheira. Quando foi que Maria começou a lembrar-se, com maior conhecimento, aquilo que lhe havia sido anunciado? Quando, ao perder seu filho, como é citado na Bíblia, foi encontrá-lo no templo junto com os doutores da lei e ele lhe disse: " Não sabes que tenho que tratar das coisas de meu Pai?" A partir daí ela começa a ter um entendimento maior e Cristo também. Então Maria passa a evoluir também e muitos não falam, mas ela era uma das seguidoras de Jesus, estava sempre presente, escutava suas palavras e seus ensinamentos, acompanhava os apóstolos, estava sempre com eles. Quando Cristo morreu na cruz e depois ressuscitou, ela já tinha plena capacidade de conhecimento e do dom de amor do Pai, ela também chegou a sua plenitude na evolução, nada mais precisava compreender ou entender.

— E Jesus? Quando foi que ele soube?

— *Bem, ele já sentia em seu interior uma grande força, um grande amor, uma grande vontade de melhorar a humanidade, de resgatar a dignidade do indivíduo. Para isto ele muito teria que aprender, se esforçar. Passou a buscar o conhecimento durante muitos anos. No seu batismo, Cristo toma consciência de sua missão. Neste momento ele tem a plena capacidade para saber que ele veio como Filho de Deus, enviado para ensinar o amor, mas ainda não sabia que ia morrer na cruz Parece difícil compreender que o Pai, sendo tão justo, não dissesse a Seu filho que o fim seria triste, mas que depois ele reinaria junto ao Pai. Mas tudo não lhe foi dito, foi sendo colocado junto à caminhada.*

— Mas antes dos 30 anos, onde Ele estava?

— *Ele estava aprendendo.*

— Mas onde Ele estava?

— *Ele era uma pessoa muito simples. A história não narra a vida de pessoas simples. Se ele tivesse nascido em berço de ouro, se fosse um rei desde criança, sua infância seria descrita. Mas Jesus nasceu de Maria e José...Os* marcos de sua vida, ficaram, pois foram profetizados e transmitidos de geração em geração. Porque é uma criança que nasce numa manjedoura e recebe presente de reis. Isto fica escrito. Depois, José e Maria, tiveram que migrar, fizeram uma grande peregrinação para salva-lo das mãos de Herodes, que havia ordenado o assassinato de todos os meninos com idade inferior a dois anos. Então, nessa época, foi perdida a referência de quem eles eram. Onde Jesus vivia, muitos o conheciam desde criança, sendo para eles somente mais uma pessoa boa. Mas os fatos mais marcantes foram registrados. Quando seus pais oferecem ao templo uma oferenda pelo seu nascimento, e depois, outra quando passa a conversar com os doutores das leis. Entre os doutores demonstra todo seu conhecimento e sabedoria, mas ainda não possui toda a compreensão de sua missão e nem o sentido total de sua vida, mas sabia que tinha primeiro que aprender, que tinha que muito saber.

– Ele teve opção, como nós, de escolher o seu caminho?

– Sim, Verinha, mas só que a Ele foi dada uma responsabilidade maior, pois no Seu caminho também foi testado. Quando Ele faz o jejum de quarenta dias, foi uma forma de se fortalecer interiormente, mas tinha um privilégio sobre nós, tinha o grande dom do conhecimento, da sabedoria, mas o Cristo também podia erra e também sofreu. Jesus Cristo, ao ser batizado, tem o sentido exato de sua missão. Pois o batismo renova seu *interior e é mais uma aliança que é firmada entre o céu e a terra. Jesus poderia não ter sido batizado com água, pois o batismo com água é simbólico. Batizar alguém significa que este indivíduo faz parte de um determinado grupo, que acredita nas mesmas coisas e que está assumindo o amor a Deus. Anteriormente as pessoas se batizavam mais velhas e não quando crianças, pois já tinham capacidade de decidir se era esse o caminho que queriam seguir. Uma criancinha, os pequenininhos não precisam ser batizados para estarem junto ao Pai, pois o Pai está sempre junto deles. Existe toda uma simbologia de batizar criança pequenininha e depois fazer a renovação deste batismo várias vezes.*

– Mas a prática de batizar crianças é da religião católica.

– Sim, mas tem também outras religiões que batizam várias vezes. O batismo é um compromisso, uma mudança de vida: " eu assumo que estou mudando de vida e que estou confirmando a minha vida cristã."

– Então não é preciso que as pessoas sejam batizadas!

– Necessariamente, não, o ato do batismo tem que ser uma decisão interior e não um ato externo. Não é o sentido de derramar água na cabeça do indivíduo ou literalmente banhá-lo, mas é o indivíduo, ele interiormente, assumir o compromisso de vida cristã, este é o sentido do batismo, que Cristo, ao ser batizado, assumiu publicamente.

– Nesse momento Ele compreendeu sua missão?

– O que Cristo compreendeu ao ser batizado, era que Ele tinha uma missão muito grande. A missão de pregar o amor entre os homens. A missão se salvar a humanidade e seguir o Pai irrestritamente. E foi o que Ele fez, seguiu o Pai. Trouxe aos homens um novo mandamento do amor. Ensinou aos homens a partilhar, a caridade, o perdão, o compartilhar, o viver em comum. O cristo veio mostrar que o Criador da humanidade é o Amor.

– E será que Ele salvou a humanidade?

– O Cristo nos deu uma das maiores esperanças: vencer a própria morte. A esperança de uma vida em que realmente sejamos irmão, onde passamos a construir uma existência mais digna e mais fraterna. Mas Cristo ainda não sabia que teria que derramar seu sangue para redimir os pecados da humanidade. Que teria que dar a própria vida para que os homens compreendessem a grandiosidade do amor do Pai. Teria que morrer morte de Cruz, uma morte humilhante e degradante, para mostrar aos homens que Deus, o Filho de Deus, morre entre ladrões e assassinos. Cristo segue uma seqüência de atividades e atitudes na qual vem demonstrar aos homens o quanto é importante não desanimar, o quanto é importante lutar por uma vida mais digna.Cristo também nos mostra que o Pai não é injusto e quer que estejamos próximos a Ele, depois de passarmos por uma etapa.

— Mas o Pai falou para Ele ou Ele soube tudo sozinho?

— *Verinha, o Cristo em alguns momentos teve certeza do que estava se passando. Junto aos doutores ele foi dotado de grande sabedoria, pois sendo uma criança inteligente, percebeu que tinha a capacidade de responder coisas que Ele nunca tinha estudado ou visto, mas coisas que diziam respeito a Deus. Depois, ao ser batizado, ele tomou a si a abertura dos próprios olhos para a vida e sua missão.O jejum fortaleceu seu interior e lá, durante o jejum, Cristo teve várias visões que soube reconhecer como mensagens do Pai. No deserto Cristo teve uma grande revelação, que teria que escolher entre ser um homem caridoso, formar família, ter uma vida comum, simples, depois evoluir, evoluir e chegar ao Pai, ou morrer pelos homens, por amor a uma grande obra de salvação. Mesmo ao Cristo também foi dada opção, mas para Ele era diferente, porque Ele tinha a visão do que iria acontecer, então a decisão dele era muito mais difícil. E mais tarde, teve dúvidas diante de todo sofrimento que lhe foi imposto. Primeiramente Ele suplica ao Pai para afastar dele o sofrimento, depois dotado de toda sabedoria e amor, resgata o sim de Maria, e afirma ao Pai que faça a Sua vontade e não a dele. Existe algo que os homens não dizem, mas neste momento, Cristo esteve na mais profunda agonia. Sofreu, foi humilhado, sentiu-se amargurado, estava junto de muitos que só*

fizeram o mal, pessoas perversas. Depois levantou-se e subiu aos céus numa grande luz, levado pelos anjos para se fundir com a luz do Pai.
– Mas Cristo era realmente como nós? Carne e espírito?
– Sim, só que Cristo tinha uma energia espiritual muito grande, pois fazia parte, como já falamos, da própria energia de Deus.Por isso temos a existência da trindade: o Pai, o Filho e o Espírito Santo. Pois Jesus Cristo era repleto do Espírito do Conhecimento, do Espírito Santo.
– Cristo subiu com o corpo matéria?
– Sim, sua alma continua igual até hoje e sua matéria se desfez no infinito. Outra coisa, o verdadeiro retrato de Cristo só está estampado na toalha com que Verônica enxugou Seu rosto. Esse ato foi feito para que se cumprissem as escrituras. Muitas imagens são propagadas, mas poucas retratam o próprio Cristo. Já o Sudário, lençol onde Cristo foi enrolado após sua morte, trás estampado sua figura. Atualmente, a ciência já comprovou a veracidade do Sudário. Ele é um sinal visível e sensível para aqueles que precisam ver para crer. Foi muito emocionante ter narrado para ti esta história, pois fico muito feliz quando falo de Cristo Jesus. Fique em paz!

X

Extraterrestres

*"...aquele que não receber o reino
Deus como uma criancinha, não
entrará no reino dos céus..."*
(Lc 18,17)

Os fenômenos da natureza, o calor do sol, o murmúrio dos riachos, o colorido das flores, tudo existe para desfrutarmos, sem a interferência de Deus, que nos deu o livre arbítrio, liberdade para agirmos conforme nossa vontade. Será que tudo foi planejado? Terá o mundo sido criado para nós?

– Gabriel, gostaria de saber sobre a criação do mundo. O início da vida e de como Deus decidiu dar um pouco de sua energia para todos os seres vivos. Por que para os humanos resolveu dar a energia que chamamos alma? Nós vamos continuar evoluindo? Por que Deus nos criou?

– *Verinha, vamos buscar alguns ensinamentos naquele livro que o Pai nos coloca para que em nossas dúvidas possamos consultar. Na criação, segundo a Bíblia, Deus foi criando todo o universo, de uma grande beleza, com animais, plantas, água e fogo. O Pai criou tudo dentro desta grandiosidade e chegou a conclusão* que faltava alguém, que pudesse evoluir junto a tudo que havia criado. Tudo era lindo, então Deus criou o homem e a mulher à Sua imagem e semelhança. O homem acredita, dentro de suas limitações, que a história narrada na Bíblia, uma história figurada, é a criação unicamente do planeta Terra. Vamos guardar isto na memória.

Agora, vamos a outra história que ocorreu há aproximadamente 20 bilhões de anos atrás. Perguntamos qual foi a influência do Pai nesse acontecimento? Será que foi a partir daí que Ele começa a influenciar na criação do novo planeta? Verinha, Deus, na sua grandiosidade, não estaria somente registrando a criação deste novo e pequenino planeta. Deus, dentro de Seu infinito amor, faz parte deste universo e dentro de Sua obra de amor, está o planeta Terra. No universo, muitas estrelas se chocam e uma desta explosão, provocada pelo choque entre astros, culminou com o início deste planeta, que como já falamos era formado por muita água. Os seres vivos, que aqui estavam, dentro de pequeninas partículas, foram evoluindo, evoluindo, até criar a vida, até que os elementos da natureza, juntos, formaram a vida. Como se Deus deixasse este pequenino planeta em estado de dormência. Tudo foi evoluindo, evoluindo, evoluindo, e a partir da água surgia a vida. Muitas coisas aconteceram. Vulcões explodiram. Geleiras se transformaram em oceanos. Montanhas surgiram do fundo da água. As rochas foram se acomodando e os vulcões se solidificando. Surgiram as primeiras formas definidas de vida dentro deste processo de transformação Chega um momento da evolução que um ser vivo se destaca. E o Pai, que colaborou com toda a energia inicial para que a vida fosse se formando, dentro de seu grandioso amor, resolveu que para aquele ser, que lutou contra as forças da natureza, que quiseram superá-lo, que dentro do processo evolutivo poderia até ter desaparecido, mas que se esforçou para existir, o Pai, buscando dentro de Sua energia, liberou a este ser o entendimento. Uma energia para que compreendesse o sentido da relação entre os seres vivos, o sentido da vida e para que neste planeta existisse o Amor. O Pai colocou um pouquinho da sua energia, a mais preciosa, no coração daqueles seres que se chamaram seres humanos.

– Que lindo! Deus sempre existiu?
– O que dizem é que Deus não tem início nem fim.
– E você, o que diz?
– Deus faz parte da grande energia que criou o universo. Deus faz parte de toda energia boa, de todo amor que existe no universo. A energia de amor é infinita, logo Deus é infinito. É como o universo, não teve início e não terá fim. Veja, o Pai nos coloca que sempre existiu e sempre existirá, no universo, a energia que cria a vida. O mundo, as plantas, os seres vivos, tudo foi criado a partir da energia da vida, pois existe algo latente em cada planta, em cada pedacinho do universo, em cada pequenina gota de orvalho. Num primeiro momento

poderíamos dizer que não existia vida no início da criação deste planeta, mas ela estava latente.

Estive lendo, no livro, " O Mundo de Sofia"[7], um livro de filosofia escrito de maneira bem popular e didática, que a evolução das espécies, conforme Charles Darwin(1809-1882), se dá de maneira fundamentalmente casual, e desta foram chegou-se ao homem.Gabriel nos explica como se deu a evolução até chegarmos aos seres humanos.

– Gabriel, queria que você me explicasse como, depois da evolução, as espécies ficaram definidas e não se modificaram mais, por exemplo: o homem continua sendo homem até hoje, o macaco sendo macaco, a borboleta e assim por diante?

– *Verinha, chegou uma hora em que a energia de cada espécie faz parte deste indivíduo. É a energia criadora de Deus. A energia latente da vida vem de Deus, é a energia que dá início à vida e depois vai se desenvolvendo.*

– E como, por exemplo, chegou a virar borboleta?

– *O Pai nos dá a energia inicial e aí inicia todo o processo evolutivo de desenvolvimento. Depois, o Pai, dentro do seu amor e de sua grandiosidade, nos dá a energia definitiva, que no homem chamamos alma, e nos animais é a energia única de cada espécie. Estas espécies poderão sofrer alteração, mas já são únicas, conhecidas*

---

[7] "O Mundo de Sofia" — Jostein Gaarden, — Editora Três, 1991

como esta e aquela, elas poderão metamorfosear, mas sempre serão esta e aquela.
— Então, com certeza, sempre vai existir vida?
— *Sim, vai sempre existir vida, pois nossa evolução nos trás sempre a vida. É assim, nunca deixamos de existir, pois nossa alma está sempre preparada para nascer, crescer e evoluir.*
— Mas então, sempre existirão as plantas, os seres e outras formas de vida?
— *Verinha, aí precisamos retornar à Bíblia, para compreender através de algumas passagens. Por exemplo, Deus nos coloca que irá retornar para junto dos homens, para que os justos estejam com Ele, no mesmo espaço. Vai haver um tempo em que a evolução da humanidade será tão perfeita que conviveremos todos juntos, sem distinção de raça, sexo, credo, hierarquia. Estaremos todos convivendo num mesmo espaço. Podes me perguntar se não vai nascer mais vida? Nascerá, mas nascerá num mundo novo, nascerá num mundo que só tem Amor.*
— E vamos estar vivendo como agora?
— *Só que estaremos todos juntos, num mundo um pouco diferente, uma vida de amor, de plenitude.*
- Por isso, você uma vez me disse que eu ainda não compreendia, mas que chegaria um tempo em que as crianças nasceriam num mundo onde não haveria dor e tristeza?
— *As crianças nasceriam entre nós...*

– Com pai e mãe?
– A relação é diferente, pois as relações de nascimento, de família, são diferentes. Crianças amadas por todos, não importando quem gerou, numa sociedade justa e fraterna. Onde a busca do conhecimento, da evolução, do amor aos outros, da união, da conversa, do respeito, da ausência de preconceitos e de maldade são a essência da vida. Nesta nova existência, predominam: a bondade, o querer que todos tenham uma vida digna, a compreensão e o saber que aquele pequeno ser que virá ao mundo terá alimentação, moradia, estudo, que crescerá e aprenderá.

Alexandre - 8 anos

– E vai morrer?
– Junto ao Pai as pessoas evoluem, crescem, envelhecem, alcançam a maturidade e depois,

novamente, os indivíduos farão parte da energia de amor do Pai. Não posso revelar-te tudo, pois não quero que fiques preocupada e que tenhas sobre ti a responsabilidade de tudo divulgar e anunciar ao mundo.

– Acho que a maioria das pessoas não se preocupa em saber.

– Mas cada coisa, mesmo que seja uma pequenina parte do que ensinas e alguém acredite, já mudará um pouquinho a vida desta pessoa. Mas o meu receio é de passar todas as informações e dar a ti a responsabilidade de transmitir. Há pessoas que têm receio, e vão querer que tudo seja igualzinho aqui, ou melhor. Só que não querem o melhor para a humanidade e sim o melhor para si. Se tu tens todas as respostas a pessoa pode ficar com um grande receio. Por isso não devo falar-te, embora saiba que tu és uma pessoa sedenta do saber.

– É, eu queria saber... quem sabe depois você me fala...Outra coisa, você disse que em todos os lugares sempre existiu a vida latente. Existe vida inteligente nos outros planetas?Deus nos deu o entendimento, a alma e aos seres dos outros planetas?

– Verinha, toda a energia da vida, existente no universo, vem do Pai. Existem vários sistemas solares e este não é o único planeta que tem o privilégio de ter vida inteligente. Outros planetas, não necessariamente deste sistema solar, têm vida . As diferenças climáticas, de temperatura, de afastamento e proximidade do sol, permitem, especificamente, a este planeta, ter vida inteligente. Mas há, em outros sistemas solares, planetas que têm vida muito mais desenvolvida, com tecnologia mais avançada, do que a Terra.

— Nos planetas, de outros sistemas solares, onde existe vida, eles evoluem que nem nós? Crescem, morrem e passam para outra existência, para sua alma continuar evoluindo?

— Mesmo em outros planetas, cada ser vivo, inteligente, tem a sua evolução, pois as energias complementares do universo, vão continuar a existir. A não ser que aconteça um grande cataclismo, que destrua a vida existente, fazendo mudanças radicais, aí se altera a energia..

— É assim? Um cataclismo e aí termina tudo? Somos tão frágeis!

— Não! Existirão outras formas de vida e continuará a existir a energia latente. Só morrerá o corpo matéria.

— Mas, e nós? Se tiver um cataclismo, a minha alma, a da Suzana, a da Isabel não se modificam mais? Podem existir outras formas de vida, mas a nossa é sempre nossa?

— Sim.

— E depois de evoluir, nós vamos nos encontrar com a alma de um ser de outro planeta? E tem a mesma forma da gente? Não é um monstrinho?

— Não. Porque mesmo ele sendo diferente, visualmente, do que tu gostarias de ver em um indivíduo,

quando chegar o momento, irás sentir o que ele sente, as suas emoções, o seu amor, o seu carinho, e vais ver. Lembras daquele filme de ficção, "O ET", embora não tenha muito a ver? As crianças adoram o ET, enquanto os adultos acham um monstro.
– Entendi.
– *É a mesma coisa. Numa evolução posterior, todos serão como crianças e só enxergarão a pureza. Mesmo sendo diferentes vão se entender.*
– Então, os discos voadores são discos voadores mesmo?
– *São sim. Vou te dizer uma coisa. Existe vida em outros planetas sim e não são espaços paralelos da vida do Pai. Eles existem ao mesmo tempo que este planeta.*
– O que são espaços paralelos?
– *Os espaços paralelos são as existências.*
– As camadas, onde as pessoas que já morreram vivem outras existências?
– *Sim.*
– Logo, existe vida com corpo aqui e vida com corpo em outros sistemas solares, além de vida sem corpo matéria em espaços paralelos.
– *Sim, umas mais adiantadas e outras mais atrasadas, E tem planeta se formando hoje!*
– Que coisa linda!
– *E o Pai continua a administrar, dentro de seu amor. Colocando um pouquinho de sua energia. Há mais uma coisa que acho que queres saber:Cristo só passou*

por este planeta, por esta existência na Terra. Para cada povo, em cada planeta, Deus manda um sinal., Cristo, o filho de Deus, que veio para salvar os homens, habitou neste planeta.

— *E nos outros?*

— *Em cada lugar os sinais são diferentes. Os povos acreditam de forma distinta e a energia do amor do Pai é infinita. E, para este povo, Deus precisou fazer-se carne em Seu Filho. Para que neste planeta se concretizasse o amor de Deus. Fique em paz*

XI

Sofrimento

*"Vinde a mim vós que estais oprimidos
e sobrecarregados e eu vos aliviarei"*
(Mt 11,28)

Conforme o Gabriel explica, todos nós temos a energia de Deus, então fica difícil compreender como passamos tanta dificuldades, tanto sofrimento. Eu, por exemplo, tenho sofrido muito, preocupada com meu filho que viajou num navio turístico americano, cheio de sonhos, e recebi uma ligação dele dizendo que era, praticamente, trabalho escravo . A maioria dos jovens, decepcionados e sem saída, acabava se prostituindo. Logo que ele arrumasse dinheiro para a passagem, voltaria..Quantos jovens se perdem pela ganância!

Também tenho encontrado muito sofrimento na vida dos santos. Estou lendo um livro, que a Isabel me deu, "Relatos sobre a Existência dos Anjos da Guarda"[8], que fala de anjos e santos. Fiquei curiosa sobre a vida dos santos. Não entendo porque eles precisam sofrer. Gabriel me falou que Madre Tereza de Calcutá é um ser de luz.

---

[8] "Relatos sobre a existência dos Anjos da Guarda" — Pierre Jovanovic, Editora Anagrama, São Paulo, 1995.

Optou em viver em função dos doentes e sofre por eles, e atualmente, sofre também devido a idade,, pois se quisesse poderia ir descansar junto ao Pai, mas continua sua caminhada porque considera que sua missão não terminou. Eu até que compreendo este tipo de sofrimento, mas a pessoa desejar ter dores, doenças...isto não entendo. Mas também temos alegrias. A gravidez de minha filha, que terá o filho em maio. Se for menino fará uma homenagem ao meu anjo. Gabriel já me disse que o bebê terá um anjinho especial cuidando dele, como todos os nenenzinhos e, mais tarde terá um anjo que ficará sob a guarda do arcanjo Gabriel.

– Você sabe o livro que estou lendo?
– *O Pai coloca mais este sinal do teu caminho.*
– O livro fala de sofrimento dos santos e de anjos e eu gostaria de esclarecer algumas dúvidas. Parece que o arcanjo Miguel aparecia sempre para preparar alguém para uma visão que teria de Nossa Senhora, e você? Apareceu para Maria, para avisar que ela seria a mãe de Jesus, para José e também para anunciar o nascimento de Jesus aos pastores.

– *Você sabe que existiram profetas iluminados pelo Espírito de Deus, e que haviam profetizado que, no nascimento de Jesus Cristo, surgiria uma estrela guia no céu. Quando aquela estrela aparecesse, iria nascer, naquele lugar, um Salvador. Por isso, quando os reis e os pastores, que acreditaram nessas profecias, viram a estrela, não tiveram medo. Largaram tudo e foram ao* encontro do Salvador. Não houve a necessidade de um anjo anunciar, pois eles acreditavam nas profecias e que aquela luz os guiaria até a menino Jesus. Já podes encontrar, em alguns livros mais atuais, relatos de outras vezes que apareci para anunciar a Boa Nova.

— Outra coisa que ainda não compreendi. Neste livro o autor narra a história de um soldado que, em época de guerra, ia de licença para casa, mas escuta uma mensagem de seu anjo e acaba desembarcando do caminhão. Outro soldado vai em seu lugar. Há um ataque ao caminhão e o soldado que foi acaba morrendo. Será que um anjinho foi mais esperto que o outro, ou era hora do segundo morrer?

— *Verinha, como já falamos todos nós temos a nossa hora de irmos para mais próximos do Pai. Não era a hora desse indivíduo que saiu do caminhão, mas se ele não tivesse escutado o anjo dele, talvez tivesse morrido. Temos, sim, a nossa hora, mas não é um destino fixo.*

— Mas e o outro, que morreu? Será que era a hora dele?

— *Poderia ser que sim. Teríamos que acompanhar, individualmente, a vida do outro, saber de seus passos, de sua caminhada.*

— Mas por que umas pessoas vêem anjos, não um, mas vários, e eu tenho dificuldade de ver você?

— *Verinha! Cada indivíduo tem um papel na Terra, tem seu desenvolvimento.*

– Mas tem pessoas que acumulam uma porção de funções: vêem anjos, levitam, conversam com Cristo...

– Cada indivíduo é único e acredita de forma diferente.

– Mas por que eles vêem?

–Primeiro, através da fé, depois através dos dons de cada um. Todos temos vários dons e temos que descobri-los.

– Então eu não vou ver você? Será que não tenho este dom?

– Recebemos muitos dons. Muitos nós utilizamos e outros vamos nos esquecendo. Estes dons, que não desenvolvemos, vão se atrofiando. Se vamos exercitando desde criança e acreditamos que podemos falar com os anjos, por exemplo, vamos falar sempre. Mas, se estamos condicionados a acreditar que é bobagem e que somente até determinada idade somos acompanhados por anjinhos, e não usamos este dom, vamos perdendo certo dons que temos. Alguns, graças a Deus, conseguimos recuperá-los.

– Temos muitos dons?

– Tem uma passagem dos dons na Bíblia, que você deveria ler (1Cor 12-14). Não adianta ter muitos dons, se nem usamos os que recebemos. Por exemplo, nos acontecimentos do nosso dia a dia, quando são bons esquecemos que foram obras do Pai, mas quando não dão certo, ou são ruins, logo lembramos que existe um ser superior que nos olha e nos ama, e não sabemos por que

Ele deixou isto acontecer. Deus nos dá muitos dons, que vamos desenvolvendo durante a nossa existência, cada ano de nossa vida é um aprendizado, é um evoluir, é o descobrir o dia de amanhã. Vamos avançando e aprendendo a lidar com as nossas limitações, pois no início, temos pouca sabedoria mas muito dinamismo, muitos sonhos e muita magia. No auge de nossa juventude acreditamos que todos os sonhos são possíveis. O passar dos anos nos mostra coisas mais concretas, temos mais experiência, mais entendimento, porem nossas limitações aumentam. Mas podemos agora, depois de ter passado pela vida, buscar em nós mesmos a resposta que queremos. Dentro desta existência nos deparamos com muitas limitações e acontecimentos, que temos que superar e vencer, para chegarmos a um entendimento maior. Muitas vezes fatos acontecem para que encontremos determinados rumos que temos a seguir. O Pai não quer o nosso sofrimento, por isto não poderia vir Dele, por exemplo a AIDS. Se somos seres pensantes, inteligentes, temos que entender, tecnicamente, como isto acontece. Deus nos dá a capacidade de evoluirmos e buscarmos a cura de muitas doenças. Milhões são gastos na descoberta da cura de várias doenças, mas muitas vezes a ganância está por trás e não permite que a humanidade tenha, ao alcance das mãos estas descobertas, pois às vezes, não há interesse para que seja sanada esta ou aquela doença.

– Isto eu compreendo e me entristece. Mas se Deus não quer o sofrimento, ainda me pergunto sobre a vida do santos. Por que sofrem tanto?
– *Recebestes a resposta através da pregação do pastor, no culto de natal que fostes com teus filhos.*
Este culto, a que o Gabriel faz referência, foi muito emocionante. Eu, meu filho e minhas filhas fomos agradecer a volta dele. Ele voltou no dia do Natal. Muitos jovens não conseguem retornar, alguns por não terem dinheiro, outros por vergonha e outros ainda por se deixarem envolver pelas promessas de dinheiro fácil. Os sinais colocados em nosso caminho são muitos. Temos que estar atentos, pois fazem parte do nosso dia a dia. Muitas vezes não lembramos que Deus está no comando e concluímos que temos "sorte".
– Mas li que as santas diziam que Cristo conversava com elas e pedia sofrimento. Que isto ia minimizar os pecados da humanidade.
– *Vou retornar ao que o pastor falou na igreja: a carga de Deus é leve e seu jugo é suave (Is 9,1-6). Porque, Verinha, o amor de Deus não exige sacrifícios. O Cristo morreu para expiação, término do sofrimento. Ele sofreu o máximo que um indivíduo poderia suportar, para que ninguém mais sofresse na Terra. Porque era através do próprio sofrimento de Deus que Ele mostrou a dor mais forte, mais pesada, mais intensa. As pessoas, às vezes, não conseguem compreender o Pai.Ele quer oração, jejum e algumas privações, como forma de*

fortalecimento, não de sofrimento. Quando jejuamos, oramos e nos privamos de algo que gostamos, estamos fortalecendo o nosso caráter, isto é, estamos acumulando a nossa energia interna positiva e, ao mesmo tempo, contribuindo para aumentarmos a energia boa do Universo. Se nosso ato não é isolado, ou seja, se o praticamos em conjunto com um grupo, ou no mesmo horário que outras pessoas, a nossa contribuição é mais forte.

– Quando conversei com a Isabel, sobre este assunto, ela me falou que como as mulheres durante muito tempo não foram consideradas cidadãs, não sabiam ler e como não podiam se manifestar em público, os seus confessores, que eram homens, não podiam compreender como elas podiam dizer que viam anjos e falavam também com Cristo e por isso, deviam aconselha-las ao sofrimento, pois não eram dignas de tais manifestações. Que deveriam sofrer para ficarem puras.

– *A Bíblia é um livro de ensinamento, de uma caminhada, de um Cristo que prega o amor, de um Cristo que morre para acabar com a dor e sofrimento, de um Cristo que vem nos libertar, para tornar-nos filhos de Deus. Será que não são pessoas importantes, se todos, homens, mulheres e crianças são filhos de Deus? E o que aconteceu? Esta palavra que estava no livro sagrado, não podia ser lida, não era lida pelas mulheres e crianças. Os únicos que tinham acesso eram os doutores e os sacerdotes. Então, se uma pessoa dizia estar perto de*

Deus, estes que detinham o conhecimento, que detinham o poder, podiam promover o sofrimento. Se formos acompanhar a evolução da Igreja, veremos as atrocidades e os bacanais, que foram acometidos, com o conhecimento dos indivíduos. A história traz com clareza: a venda de lotes no céu, a venda de pedaços da roupa de Jesus Cristo, que dariam para fazer milhares de túnicas. O comércio de um pouquinho de terra, onde Jesus descansou a cabeça, que se fossemos juntar teríamos o equivalente a hectares e hectares de terra.

– É verdade, mas porque a maioria que vê anjos são mulheres e crianças?

– O Pai nos fala: "Sejam como as crianças" e Cristo andava entre as mulheres, dirigia a palavra a elas, para mostrar que eram pessoas dignas e sensíveis. Os apóstolos que pregavam a palavra, também eram pessoas sensíveis. Mas, os detentores do poder, vêem depois fazendo muitas alterações. Com o passar dos anos, a Igreja teve que se redimir dos seus pecados, teve rachas, divisões, formação de novas religiões, moralização interna, novas formas de pensamento. Mas, a palavra de Cristo, mesmo com a deturpação dos homens, mesmo com a dominação, mesmo com a corrupção interna, pois muitos queriam enriquecer, pois detinham o segundo maior poder e às vezes até o primeiro, continua até hoje. A Igreja foi proprietária de muitas terras, e aí, muitos confundem a Igreja com Cristo. Cristo trouxe a mensagem e muitos se

apoderaram dela. Mas o Pai, é tão superior, que a mensagem de amor superou tudo isso e hoje podemos assegurar que temos mais acesso, pois muitas coisas ainda nos são omitidas, mas temos mais acesso as mensagem de amor de Nosso Senhor Jesus Cristo. Temos a oportunidade de saber, que o Pai não quer o nosso sofrimento, quer o nosso amor, a nossa doação pelo nosso irmão. Que sua maior mensagem é de amor, respeito e dignidade. Não sei se compreendestes e me perdoe se falei com tanta ênfase, mas é que esses seres que usam a palavra de Deus são falsos profetas que se apoderam do conhecimento, da sabedoria, para enriquecerem, para deter o poder e não continuaram a pregar o amor.

– Pois é, mas me aborrece tanto saber que as pessoas fazem maldade e no final se dão bem. Acontece até entre famílias e irmãos...

– *Cristo disse que não veio para os que estavam salvos, mas veio para salvar os que estavam em pecado. Porque, se no apocalipse, Cristo nos diz que virá para buscar o justo, em toda Bíblia, este mesmo Cristo nos diz que virá para os pecadores, oprimidos, sofridos. Então Cristo virá para os dois, mas aquele que já é justo subirá mais rápido para perto do Pai e o outro, pecador, ainda terá que evoluir no seu caminho. Por isso te digo, que vários caminhos nos levam ao Pai. Verinha, nós temos a capacidade de acompanhar a continuação da vida destes indivíduos. Parece que é uma justificativa vã, falar que ele vai pagar depois de morto. Por que não pagar em* vida? Cometeu uma injustiça e saiu ileso. E tem aqueles que se consolam: mas quando ele morrer vai pagar seus pecados. Tem muitos que usam isto como consolo, mas não é correto, pois se existe a justiça dos homens, é para este homem pagar perante os homens. Mas quem vai julgar o seu espírito, a sua continuidade de vida eterna, é o Pai. Vocês hoje, também não têm a capacidade, o conhecimento, para saber o que vai acontecer e, se alguém vai julgar o espírito é Deus, mas os atos dos homens, os homens têm que julgar, por isso não devemos lavar as mãos quando as injustiças ocorrem. O Pai nos fala:" não deixem que as injustiças ocorram, façam a caridade, amem seus irmãos"e sempre há aqueles que acreditam e, independente do que acontece, estão ali pregando, acreditando, pois têm dentro de si a luz viva do amor de Deus, porque não desistem e porque amam de todo coração Nosso Senhor Jesus Cristo.

XII

Profecias E Milagres

*"Mas Jesus disse à mulher:
tua fé te salvou, vai em paz"
(Lc 7,50)*

Samuel

Estou começando a ficar preocupada, insegura, com o término do livro e os problemas inerentes à edição. Desde que comecei a escrever, a certeza de que estava cumprindo uma missão me enchia de contentamento e de segurança que tudo daria certo no final. Encontraria as pessoas certas, publicaria o livro e muitos leriam as mensagens do Gabriel. Agora as dúvidas me assaltam. Será que me esforcei o bastante? Às vezes penso que preciso estar mais firme para completar o que começo. Também não tenho ido ao Centro do Isaías. Um pouco por falta de tempo, também por não gostar muito de rotina e ainda por achar que mais tarde tornaremos a nos encontrar, pois estamos indo para a mesma direção.

– *Verinha, quando começamos nosso trabalho, falamos do processo de dar um passo de cada vez. É um processo lento, com dificuldades, obstáculos, mas também falamos que temos que ter a capacidade de reconhecer quando aquilo que queremos não segue uma determinada forma, como nos é posto. Por isso, tu tens a plena liberdade de decidir o que é melhor e correto, pois nosso trabalho e a sua solidificação também têm um limite, para nos facilitar a conclusão de uma missão.por isso, dentro deste processo de um passo de cada vez, vamos ter que ter em mente aquilo que queremos, pois não podemos ir contra a nossa vontade, mas também não podemos nos subjugar a vontade dos outros, não podemos nos omitir diante de questões tão grandes e que nos são verdadeiras, mas também temos que respeitar a crença de cada indivíduo. Deves resolver sobre a continuidade da ida lá, tome teu caminho, peque teu cajado e siga.*

– E se eu seguir o caminho errado?

– *Não existe um caminho errado, se fizermos as coisas com o coração, com o propósito de acertar. Podemos demorar um pouco mais, mas chegaremos no final ao lugar certo.*

– E quando Jesus fala, no Novo Testamento, para os paralíticos e cegos " seus pecados estão perdoados" e eles voltam a andar e a enxergar, o que significa? A cegueira e a paralisia eram castigos pelos erros cometidos?

– *Verinha, todos que cometem pecados são pecadores. Ele não curava os indivíduos só no mal físico, curava também do mal espiritual, que eram os pecados, pois, Ele veio para salvar nossa alma. Mas temos que ter claro que a salvação da alma passa por nossos atos, nossa prática de vida, nosso arrependimento sincero.*

Várias das pessoas que o acompanhavam não tinham mal físico algum, mas também eram curados por Cristo. Cristo deu aos homens a libertação dos pecados. A mesma coisa daqueles que estavam possuídos pelo demônio, isto é, estavam com o espírito maligno no corpo. Ele perdoava os pecados e arrancava o demônio. Porque a pessoa tinha alguma carga de maldade sobre ela. Tem o depoimento de um homem que foi libertado de demônios, o que Deus , Nosso Senhor Jesus Cristo fez, perdoando os pecados dele. Cristo o fez ter um coração puro novamente, sem maldades, sem ódio. É a mesma coisa de hoje pedires: "Pai, perdoa meus pecados porque não sou digno que entreis em minha morada, eu não peço para curar meus olhos, para não ser paralítico, mas para ter um coração puro, pois a fé será tão grande, tão intensa, que voltarei a andar, que voltarei a enxergar, que voltarei a amar este mundo." Por isso: " tua fé o curou", não o fato de teres tirado os pecados, mas o fato de acreditares.

– E sobre os dez mandamentos? Fazem parte do Antigo Testamento e por que a maioria das religiões se baseia neles?

– Por isso Nosso Senhor veio para mudar. É bem interessante, pois para muitas religiões o Antigo Testamento nada vale, mas quando chegam os dez mandamentos são eternos e perpétuos. Nosso Senhor renovou e deu um mandamento que engloba e é mais importante, pois se amássemos de verdade, se todos os *nossos atos fossem baseados no amor, nunca prejudicaríamos, nem a Deus, nem ao próximo e nem a nós mesmos.*

– E outra coisa que estive pensando: se Deus foi criado a partir da energia do amor, será que a energia do mal não criou o diabo?

– Tem um ditado que diz que o amor sempre vence, pois o amor é muito mais poderoso que o mal. A energia negativa existe no universo, mas Deus é superior a qualquer maldade no Universo, pois as primeiras energias mantenedoras do Universo foram de bondade.

Estamos nos aproximando do terceiro milênio. Será que algumas coisas mudarão? Será que o amor crescerá no mundo? Muitas coisas me fazem feliz. Fiquei sabendo que a Maria está bem. Sua casinha está, praticamente, pronta e ela está trabalhando com meninos e meninas de rua, procurando resgatar a dignidade destas crianças. A Isabel também construiu sua casa e parece, como diz o Gabriel ,está dando os primeiros passos rumo à sua missão. A Suzana também está estudando e se preparando para um mestrado. Venho também pensando em construir um lugar em sintonia com a natureza, um refúgio onde as pessoas meditem e fiquem em paz. Tomara que o novo milênio seja de paz. Quero falar com o Gabriel sobre milagres.

– Vamos falar de milagres. Por que existem? Por que alguns pedidos são atendidos e outros não?

– *Verinha, o que é um milagre? É um acontecimento que vocês não conseguem visualizar, através do que têm nas suas mãos. É alguma coisa que não se acredita, ou melhor, alguma coisa que não se pode alcançar, realizar ou solucionar. E, de repente, através da fé, através de um pedido, ou simplesmente, sem uma explicação plausível, aquilo que era impossível se realiza. E aí dizemos que aconteceu um milagre. Também podemos pensar de que forma pode acontecer um milagre e por quê? Quando o indivíduo possui dentro de si e alimenta uma fé muito grande, o indivíduo não tem dúvida de que aquilo pode ser concretizado com a força do Pai. Então sua energia é tão potente que ele pode curar alguém ou a si próprio, movimentando uma energia muito grande. Tem uma outra questão que é quando é necessário que a humanidade seja alertada ou tome conhecimento de alguma coisa, ou quando a humanidade está descrente ou muito sofrida, ou as pessoas se desviam muito do caminho que devem seguir. Deus, no seu grande amor, mesmo que neste momento alguns possam dizer que Ele está violando um dos seus maiores mandamentos que é o livre arbítrio, Ele realiza um milagre. Para que a humanidade tenha uma chance de retornar, de alcançar, de acreditar em Sua palavra, em Seus ensinamentos, como se fosse uma prova de fortalecimento da fé.*

— Mas será que há mesmo uma quebra do livre arbítrio? Ele não realiza exatamente o que o indivíduo está pedindo? O que a pessoa deseja?

— *Muitas vezes, por exemplo, o indivíduo concretiza o que está solicitando, movimenta sua própria energia, mas, às vezes, o milagre pode acontecer como uma visão para evitar um acidente ou uma catástrofe, onde morreriam todos, se salvam alguns indivíduos, e aí, nasce nestes corações, um fé inabalável. O milagre também pode ser um acontecimento de cura. Alguns milagres mudam o destino e o Pai, neste momento, colabora na construção da humanidade, mas neste momento Ele tira um pouquinho do livre arbítrio das pessoas. Mesmo o Pai, conhecendo a todos, conhecendo o sentimento, o amor, a tristeza, o ódio, a angustia e possa colaborar de forma positiva, Ele está interferindo. Se não houvesse estes momentos de luz, situações poderiam ficar insustentáveis, com a maldade, o ódio, a desesperança ou simplesmente a falta de fé e aí Ele precisa interferir para que volte a reinar o amor e a paz.*

— E sobre o novo milênio? Existe alguma coisa que precisamos saber?

— *Muitas coisas irão acontecer, muitas coisas irão se transformar. Estamos anunciando a chegada do novo milênio. Vou explicar-te de uma maneira bem simples, para depois nos aprofundarmos um pouco mais. Quando uma criança nasce, a cada mês alguma coisa se transforma e podemos ver o seu desenvolvimento.*

Quando este neném completa um mês tem determinadas atitudes, ao completar cinco meses começa a tudo observar, a olhar. No sexto mês já senta. No sétimo começa a segurar todas as coisas. No oitavo está pronto a dar os primeiros passinhos, e assim por diante. Quando completa um ano, já é uma pessoinha em miniatura e assim, Verinha, também é a vida. Quando completa uma década, quando completa cem anos, ou mais importante ainda, quando completa mil anos. Grandes transformações acontecem, grandes mudanças estão por vir. Primeiro vamos falar das mudanças da humanidade. O homem, com sua tecnologia, está avançando cada vez mais, a lua não é mais o limite, chegar a lua é algo ultrapassado. O homem está ultrapassando os limites da natureza e do universo. A humanidade tem muito crescido, tem descoberto a cura de diversas doenças, os cientistas têm buscado chegar a um grande desenvolvimento, cada vez mais próximo deste novo milênio. Quanto mais as descobertas estão avançando, quanto mais avançadas são as descobertas. A humanidade busca estar mais próxima de Deus, mas também tem aumentado a ganância, a miséria, a desnutrição e a concentração da riqueza. Mas, se estamos evoluindo, então deveriam diminuir a miséria, a destruição e as mortes! Verinha, tudo está sensibilizado com este novo milênio, com o início do terceiro milênio. Pois o indivíduo tem que descobrir o seu caminho, tem que trilhar e realizar suas esperanças e sonhos. A cada milênio Deus está mais próximo de nós. A cada milênio aumenta a esperança de uma sociedade mais justa. De uma sociedade mais evoluída, de um encontro com o Pai, com Nosso Senhor Jesus Cristo. Muitas coisas estão para se concretizar, para nos mostrar o quanto é importante transformar, cada vez mais, o ambiente, o local, a cidade e o país em que vivemos. Cidades mais humanas, igualitárias, sem tantas diferenças. Verinha, muita coisa será anunciada e o jejum, a meditação e a oração são importante para que estejamos em maior sintonia com este novo milênio que, promete, através da energia que existe, a energia criadora da vida, a energia do amor, ser um milênio também de muita paz. Paz de transformação positiva para o homem. Por isso Verinha, que estão sendo anunciadas, proclamadas e profetizadas, mensagens em todo o mundo. Acredita nas profecias dos anos que virão, pois toda palavra de amor, toda palavra de esperança, toda palavra de fé, vem do Pai.

– Mas quando você diz que mudanças virão e que já estão sendo profetizadas, eu acredito, mas será que a maioria acredita?

– Em vários locais do mundo profecias estão sendo anunciada, mensagens para diversas religiões. Não tem nenhuma que tenha mais privilégio que a outra. Profecias têm sido ditas nos diversos espaços. Para os católicos, aparições de nossa Senhora, para os crentes, o falar em línguas, para os budistas os proclames e diversas outras manifestações estão acontecendo. Os *judeus esperam a vinda do Salvador, que há muito já veio. Acreditam que o nascimento se dará no terceiro milênio. Mas é que para eles também são anunciadas mudanças, e como eles acreditam que Jesus Cristo era somente mais uma profecia e não o filho de Deus, eles crêem que as mudanças anunciadas significam a vinda do Salvador. Todos sabem da importância de iniciar um milênio com mais amor, com mais esperança. E é importante que, para isto, haja mais fraternidade entre os homens.*

— Mas você não vai me adiantar nada?

— *Só te digo que até a palavra que escreves é um anúncio de boa nova, para fomentar a paz, a sabedoria e o amor para o próximo milênio.*

— Então devo acabar este livro bem rápido.

— *Dê sempre um passo de cada vez.*

— Mas senão o livro chega depois do início do milênio.

— *Não deves ficar nervosinha. Pronto, já falei demais...Devia ter mordido minha lingüinha...*

— Coitadinha da Suzana! A lingüinha dela? - perguntei às gargalhadas.

— *Pensei isto também! — respondeu-me rindo.*

— Então quando você diz que o Pai vai puxar suas orelhas, as orelhas são dela?!?!

— *Não Verinha, são as minhas!*

— Anjo tem orelhas?

— *Verinha! Ah! Verinha. Sabe?Eu vim hoje porque estava com uma grande saudade!*
— *Mas você não tinha dito que viria?*
— *Eu sei, mas era uma chegadinha rápida, não era para gravarmos. O Pai diz que nessas horas gostaria de cortar o livre arbítrio. Brincadeirinha!!! O Pai tem um amor muito grande, é por isso que Ele sofre. Ele se preocupa com o bem estar de vocês, com a felicidade e até com o aproveitar as férias. Porque todo homem, precisa sim, de descanso e de repouso. Não só o trabalho dignifica o homem. O trabalho dignifica, mas o repouso mantém a mente sã e o corpo sadio. Isto também é importante para vocês. Vocês também têm que descansar, a diversão também é uma coisa muito boa. Não penses que muitas coisas da vida são ruins aos homens, não são. Se a diversão foi criada é porque é boa, o exagero é que é ruim. Porque o exagero ou passa a ser um vício ou passa a ser uma agressão ao próprio homem.*
— *Nós aqui temos os nossos horários, o período de férias e vocês? Como contam o tempo aí?*
— *É como se tivéssemos um tempo determinado a seguir, mas este prazo é o ritmo individual da vida, vamos dizer assim, seguimos o ritmo dos homens e o ritmo do Universo. Os homens têm seu ciclo natura: segundos, dias horas, meses...e acompanhamos o que se passa nesta existência, mas na outra existência não temos limite de tempo. Vivemos no presente, sabemos o passado e buscamos o futuro.*

– Mas se não existe destino!
– *A leitura do futuro é do provável.*
– Por isso se confunde na Bíblia quando Jesus fala que as pessoas ainda estariam aqui quando ele retornasse?
– *Verinha, isso foi devido a equívocos na interpretação. Quando Jesus falou " vocês ainda estarão aqui", queria dizer a humanidade e não aqueles indivíduos. Às vezes há dificuldades de compreensão por causa das diferenças no tempo, mas às vezes a dificuldade na interpretação é devido à vivências diferentes.*
– Por isso as mensagens de Nossa Senhora não são claras? Pelo menos eu acho que, às vezes, não têm muita lógica..
– *Vou te explicar, as coisas acontecem assim. Cada indivíduo tem em si uma carga de conhecimento, uma experiência pertinente a sua vida. Por exemplo, você é uma pessoa preocupada com os seres humanos, acumulou conhecimento pela sua experiência de vida, pela sua idade, pelos cursos que fez, e podemos ter outra pessoa, com a mesma idade, mas que sempre foi dona de casa, voltada para os problemas comunitários, vocês terão visões diferentes. Se Nossa Senhora aparecer para as duas e falar de edificações, prédios, andaimes, escada, para você a mensagem pode ter um sentido, para dona de casa, outro totalmente diferente. Para uma o significado pode ser a construção de um mundo melhor, e para a*

outra a construção de uma igreja no seu bairro. Não sei se compreendes.

– Compreendo, mas preciso escrever o certo, não minha interpretação.
– Escrever o que é certo também é respeitar a individualidade de cada um. Respeitar as diversas religiões, pois cada pessoa segue determinada religião. Entendo a tua preocupação, o medo de que alguém siga um caminho errado. Mas se este indivíduo faz o melhor de si e segue seu caminho dentro dos ensinamentos do Cristo que é o amor...então segue a verdade.
– Entendo, mas é difícil pois estou escrevendo para um público diverso, devo escrever a verdade e procurar ao mesmo tempo não magoar ou ofender ninguém ou nenhuma crença. Mas eu queria compreender mais. Por exemplo, se Nossa Senhora viesse...
– Maria já está mandando mensagens para vários paises, várias cidades, por todo o mundo. Estas mensagens, estes milagres já estão acontecendo e tem grande probabilidade de antes do terceiro milênio, neste país, onde moras, ter alguma mensagem. Alguém receber alguma mensagem. Mas Maria dará uma grande mensagem que não será neste país, mas será uma mensagem que todos saberão.. As mensagens que estão recebendo, são mensagens renovadoras de paz, mas chegará o dia em que várias pessoas tomarão consciência da grande mensagem. Fique em paz.

XIII

Mulher

"Sim, feliz aquela que acreditou na realização do que lhe foi dito da parte do Senhor"
(Lc 1,45)

Com toda esta conversa com Gabriel, aprendi que devemos prestar mais atenção às pessoas que amamos e nos amam, pois ao fazerem parte de nosso cotidiano, acabamos nos acostumando com elas e podemos magoá-las, não lhes dando o carinho merecido e nem agradecendo a felicidade que nos dão através deste amor. A dedicação da Suzana e a ajuda que tem me dado nunca poderão ser esquecidas, pois sem ela este livro não seria possível. Corrige erros, complementa frases, faz críticas, digita e nunca ouvi uma reclamação, somente elogios para que eu termine este livro com êxito. Um dia perguntei ao Gabriel sobre a missão da Suzana e ele me disse que ela é uma pessoa de coração muito bondoso e muito sensível e esta é sua missão. Graças à sua sensibilidade ele pode se fazer presente através dela. Gabriel complementou que devemos sempre estar atentos ao sentimento dos outros e disse:

– *E agora minha explicação por não ter dito o motivo do por que eu não viria na semana passada.*

Pregamos , a todo momento o respeito a todos os indivíduos. Não era justo que, também nas férias de vocês, eu as ocupasse, em todas as segundas, durante uma hora. A minha ausência foi uma declaração do meu amor, do meu respeito a vocês, deixa-las terem mais uma hora de convivência. Achei que o trabalho com o livro poderia se atrasar um pouquinho.

– Isso só podia vir de você! Mas a verdade é que você não tira uma hora de nossa vida, você nos dá uma hora. Embora a Suzana não esteja participando neste momento da conversa, depois a gente discute e tudo nos enriquece. A gente tem prazer de conversar e escrever o livro. Tenho certeza que, se eu dissesse para Suzana que arranjaria outra pessoa para digitar, ela ficaria muito triste.

– Ela se sentiria excluída de uma coisa que considera muito importante!

– Eu compreendo a sua sensibilidade e o carinho que quis demonstrar pela gente e por isso lhe agradeço. Foi muito bonito.

– *Obrigado por entenderes.*

– Queria tanto conhecer você!

– *Terás oportunidade. Agora, fiquem em paz!*

Numa outra conversa que tive com o Gabriel, perguntei-lhe sobre minha mãe, que é uma mulher muito boa e que considero capaz de um grande amor. Ele me disse as seguinte palavras:

– A bondade de tua mãe, as atitudes que tomou, as decisões da vida, seu sofrimento, tudo ficou dentro do silêncio, sem que ela deixasse que soubessem tudo o que realmente se passou. Ela é uma pessoa muito digna, que muitas vezes, ao parecer que se omitia, na verdade retinha dentro de seu coração a dor, a mágoa, a angustia, sem queixas e ofensas. É uma pessoa que soube lidar com a vida, com pulso firme, decidida. Superando todas as tristezas soube enfrentar a vida de frente, com alegria, com amor, com maestria. É uma pessoa de um coração muito grande e que , através de sua vivência descobriu a essência das pessoas, superando preconceitos e discriminações, sabendo tudo guardar sem nada reclamar. É uma pessoa que nos trás um grande exemplo de amor, de vida. Sua mãe, Verinha, já é um ser de luz.

Fiquei muito emocionada porque agora compreendo que parte do amor que dedico às pessoas deve ter tido início no aconchego do colo de minha mãe. Através desta mulher sensível homenageio todas as mães: pobres, bonitas, sofridas, ricas, jovens, idosas, enfim, mulheres maravilhosas, dignas do nosso respeito e admiração.

– Já que estamos falando de mães, gostaria de falar sobre a gravidez: por que é a mulher que espera o bebê?

– O que achas?

– Não sei se foi resultado da evolução das espécies ou se foi...

– Uma dádiva do Pai.

– Linda a maternidade, mas ao mesmo tempo é problemática para a mulher.
– *Verinha, a maternidade é algo muito bonito. Na evolução das espécies houve o aperfeiçoamento dos sexos, com as especificidades do macho e da fêmea, que carregam suas características próprias para gerar. É necessário que se tenha um complexo aparelho, para que este serzinho que venha a nascer, se desenvolva dentro do útero, tudo é perfeito...todos os espaços, todos os cantinhos que este pequenino ser necessita. Mas nosso Pai é tão perfeito, que dentro deste processo, poderia ter permitido ou ter feito com que os homens tivessem esta condição e não as mulheres. Mas temos que pensar na sensibilidade que é necessário para gerar um indivíduo ou mesmo no instinto natural da mulher. Alguns utilizam não positivamente a sensibilidade materna, como se não considerassem a maternidade um resgate maior do amor e da doação. Às vezes se utilizam como forma de massacrar, de marginalizar a mulher, pois, já que ela gera, consideram-na a única responsável. Isto não é verdade, porque se é ela que tem o filho é porque nela estão as condições apropriadas, mas mesmo para uma criança que nasce de proveta é necessário que o espermatozóide fecunde o óvulo para que este pequeno ser nasça. Deus, através do descobrir a sensibilidade e permitir que esta aflorasse na mulher faz com que emane e se crie as especificidades necessárias para abrigar dentro de seu ventre um ser. Porque aí está um dos*

grandes mistérios da sabedoria, da sensibilidade, da dignidade, da pureza, da beleza da mulher. Deus dá a ela a grande capacidade, que permite aos homens com isto ver esta mulher e respeitá-la como aquela que tem o dom, o poder de gerar outro ser. É ela que desenvolve dentro de si a junção do óvulo com o espermatozóide. Não podemos, Verinha, esquecer estas coisas e permitir que a mulher seja considerada um ser inferior ao homem. Não podemos!

– E nos outros sistemas solares, onde existe vida, a concepção e o nascimento são como aqui na Terra?

– *Lembras que comentamos que quando se evolui, todos têm responsabilidade sobre aquele pequenino ser?Isto é o amor independente de quem gera, é o amor pelo indivíduo. E aí, o que pode acontecer é este pequenino ser, ser gerado independente das pessoas terem relação ou não. Em outros planetas, isto acontece como já acontece em alguns locais aí, só que existem planetas que já estão mais evoluídos e as relações de concepção são sem sexo.*

– Por isso sempre que você fala de concepção, você também fala de bebê de proveta? Eu acho que poucas vezes anotei, porque eu achava que você falava de alguma coisa que quase não acontecia.

– *Mas em teu planeta já tem países que usam bastante o método de geração sem sexo. Mas agora, Verinha, gerar um filho através do sexo, não é algo errado, é muito bonito. Pois o ser está sendo fecundado de* uma forma carinhosa, de uma forma amorosa e isto é importante na hora de gerar alguém. Por isto a violação é tão brutal, porque acaba com toda esta proximidade, este amor, no ato de conceber. O que eu quero dizer da violência é que algumas mulheres são violentadas naquilo que é mais puro no indivíduo. Também tem outros que acreditam que a relação entre homem e mulher é exclusivo para gerar uma pessoa. Só que o carinho e o amor entre dois seres é indispensável para a construção de uma sociedade melhor. Porque os indivíduos têm que ter clareza que a relação sexual não é sinônimo de sacanagem, uma coisa não tem nada a ver com a outra. Você fazer carinho, ter uma relação sexual com outro indivíduo é algo muito bonito. Você respeitar o corpo do outro, você dar prazer, você se doar a outro indivíduo. Não é somente sentir prazer, você está dando prazer, carinho, amor a outro indivíduo e depois você compartilha este doar quando o outro está lhe dando carinho, está lhe dando amor.

  Gabriel está correto quando diz que responsabilizam somente a mulher pela gravidez. Mulheres são discriminadas, violentadas, assassinadas e nós, o que fazemos? Maria, mãe de Jesus, sofreu ofensas e preconceito como a maioria das mulheres.

  – Maria é uma mulher de fibra e sua história também está narrada na Bíblia. Você sabe aquela música, muito bem escrita, por um cantor brasileiro, que fala da força da Maria, de sua garra...

– Maria, Maria é um dom, uma certa magia...Ah! Do cantor Milton Nascimento.
– Outra música, a Ave Maria de Schubert, todas as Aves Maria, Ave Maria no Morro, muitas músicas falam de Nossa Senhora. Ela inspirou muitos e muitos cantores e inspirou a compaixão, o amor...Nossa Senhora que, muito jovem deu o seu "Sim"a Deus.Deu o seu "Sim" ao aceitar receber o Filho de Deus. Maria, que não tinha um lugar para ter seu Filho, mas que, com dignidade teve-o numa manjedoura. Maria, que dentro de sua simplicidade, com o menino Jesus nos braços, recebe os Reis que vão lhe levar presentes caros, dignos, em reconhecimento à sua grandeza. Maria que toma seu Filhos nos braços e foge da fúria de Herodes. Maria que acompanha Jesus em suas pregações. Maria que esteve junto a Jesus, para que Ele realizasse o milagre nas bodas de Canã. Se ela não é ninguém, então como se explica que, sendo uma mulher daquela época, pede e consegue que não deixe faltar vinho no casamento? Ela está sempre preocupada com o bem estar dos outros. Mas Maria continua sua caminhada, continua sua existência. Acompanha todo o sofrimento de seu Filho, de seu flagelo até à crucificação. Maria sofreu a pior dor que uma mãe poderia agüentar. Ela é a consoladora das mães sofredoras, por ter sentido toda angustia , sofrimento e dor que uma mãe poderia passar tem a capacidade de consolar todas as mães. Vamos falar do sofrimento de Maria:

1º-Mesmo sendo virgem aceitou ser mãe de Jesus, apesar dos preconceitos.

2º-Teve que fugir e gerar seu Filho sem nenhum conforto e auxílio.

3º-Perdeu seu Filho, no meio da multidão, por algumas horas, para depois encontrá-lo entre os doutores da lei.

4º-Vê seu Filho sendo perseguido e depois açoitado, sem ter feito nada de mal.

5º- Vê seu Filho ser pregado na cruz e assassinado como um ladrão.

Verinha, será que existe dor pior do que perder um filho? Por isso ela é a consoladora dos aflitos, dos filhos, das mães, dos pais. Deus não quer o nosso sofrimento, não quer a nossa dor. Deus quer que tenhamos a plenitude do amor. Mas Maria acredita na ressurreição de Cristo. E esta Maria Senhora, Senhora de Luz com toda sua dignidade, sobe aos céus com corpo e alma. Não só sua alma sobe a Deus, mas o Pai, como forma de demonstrar seu amor infinito, como um milagre à humanidade, como prova de respeito à uma mulher, que foi e deverá ser sempre reconhecida e respeitada, a eleva, com corpo e alma aos céus. Maria Mãe, Maria Senhora Nossa, Maria Evangelizadora.

– Por que a Igreja fala como dogma de fé e alguns até duvidam. Por que não fala como verdade?

– Verinha, a subida de Nossa Senhora foi vista, não é só um dogma de fé.

— Por que os evangelistas ou São Lucas, que conversou tanto com Maria, não falam que ela subiu com seu corpo?
— *Vamos, posteriormente, buscar nas passagens da Bíblia que falam que Nossa Senhora subiu aos céus de corpo e alma. Pois isto é importante de ser colocado. É um dogma de fé que foi visto. É a mesma coisa de dizer que a ressurreição de Cristo é um dogma.*
— Mas acho uma injustiça o que fazem com Maria e até, algumas religiões não dão importância a ela.
— *Sabes por que algumas não a consideram? Porque ela é uma mulher e muitas Igrejas não reconhecem a grandeza das mulheres. Por isso Deus quis que Seu Filho nascesse de uma mulher. Quis resgatar toda a dignidade, quis que ela subisse aos céus de corpo e alma.*
— O corpo dela se desfez no infinito, que nem o de Jesus?
— *Mas primeiro ela subiu aos céus com corpo e alma. Ah! Verinha, teríamos muito a falar de Maria, teríamos muitas coisas a explicar. Mas o Pai nos ensina através de seus atos, o respeito ao ser humano, por isso muitas coisas são faladas em parábolas.*
— Mas por que falar em parábolas? Devia falar claro para que todos entendessem.
— *Ele fala em parábolas para que o povo compreenda, para que o povo procure a verdade, para que haja mudanças. É para sensibilizar o coração*

daqueles que têm que ouvi-las. Pois as coisas nos são ensinadas, mas nós é que temos que ver, temos que ouvir, temos que aprender. Eu estou falando de Nossa Senhora, em defesa das mulheres, porque as mulheres, desde a antiguidade já sofriam e isto tem se perpetuado. Tem que se falar da violência, tem que se falar da miséria, tem que se falar da prostituição. A mulher não se prostitui sozinha, alguém se sevicia do corpo da mulher. A mulher não concebe sozinha, precisa de um parceiro, a mulher, que trabalha, recebe, na maioria das vezes, salários mais baixos. Cristo nasce de uma mulher. O Deus, todo poderoso precisaria nascer de uma mulher? Precisaria nascer numa manjedoura? Por que não veio através de uma nuvem nos céus e desceu na Terra? Porque, Verinha, a humanidade tem que evoluir, tem que aprender e se, com todos estes exemplos a mulher é tratada da maneira que é tratada até hoje, com violência, com desprezo, tratada como se fosse alguém em segundo plano...É , Verinha, a humanidade tem muito que aprender.

 Depois desta conversa fui fazer uma pesquisa sobre alguns fatos que o Gabriel havia falado: sobre Verônica e Maria. Em algumas Bíblias católicas encontra-se a passagem que Maria subiu aos céus com corpo e alma e também as quedas de Jesus, na Via Sacra, e Verônica enxugando-lhe o rosto.

 – Mas Maria ainda vai aparecer? Aqui no Brasil?

 – Sim, eu te digo que ela ainda vai trazer mensagens ao mundo e ainda te digo mais: respeitem estas mensagens, pois Nossa Senhora vem ao mundo com muito esforço, muito amor, muita sabedoria e ela pede, ela sensibiliza o coração dos mais humildes.

– Mas será que as mensagens serão mesmo anunciadas? Pois acho que muitas mensagens de Nossa Senhora ficam guardadas e a humanidade acaba não tomando conhecimento.

– As aparições de Nossa Senhora e muitas vezes suas mensagens são monopolizadas pela Igreja. Primeiro dizendo que querem comprovar a veracidade e só quando as mensagens se concretizam, ela anuncia. Ou então afirma que as mensagens mudariam o mundo, poderiam causar pânico e por isso não anunciam.

– E por que você não me conta o terceiro segredo que Nossa Senhora anunciou a Lúcia em Fátima? Até hoje ninguém sabe o que foi.

– Verinha, a tua missão não é revelar o segredo de Fátima!

– Eu sei, mas acho tão injusto ela ter vindo e a mensagem ficar guardada como um segredo que não deva ser conhecido por ninguém. Se você falar, eu escrevo no livro e todo mundo vai ficar sabendo. Não é justo não revelar!

– Não fiques preocupada. O Pai já está tomando as providências necessárias.

– E agora me diz, eu vou ver Maria quando ela aparecer novamente?

– Saberás de sua anunciação. Não fiques triste.

— Mas eu gostaria de estar lá. Não quero que as pessoas escutem e não divulguem, eu quero estar junto!

— *As palavras de Nossa Senhora serão anunciadas e, não te preocupes, chegarão aos teus ouvidos. Tenhas certeza disto, tenhas toda certeza. Nossa Senhora vem para os humildes de coração.*

— Mas eu não sou humilde!

— *Um pouco de vaidade não faz mal.*

— Eu quero tanto ver! Você um dia disse que estava preparando o caminho para alguém mais importante que viria e eu pensei que poderia ser Maria.

— *Eu já te falei, cada pessoa tem a sua missão. E nem tudo pode ser anunciado de uma única vez. Mas, sobre a vinda de Nossa Senhora, gostaria que colocasses que ela vai aparecer antes do terceiro milênio, mas não especifique onde. A grande aparição, que muitos saberão, não será no Brasil.*

— Então, aqui no Brasil, ela só aparecerá depois do ano 2000?

— *Pelo menos não antes do 20º ano.*

— *Vinte anos?*

— *Mas te digo que Nossa Senhora virá com uma grande mensagem renovadora de paz, que mudará o sentido da vida da humanidade, mudará os desígnios e principalmente, vira resgatar a dignidade das mulheres e das crianças. Ela irá anunciar o resgate do ser humano. Muitos acreditam que são mensagens cataclismáticas, de final dos tempos, pois são mensagens duras e ao mesmo tempo são mensagens de amor. Nossa Senhora vem alertar a humanidade para a necessidade de mudanças radicais nas relações humanas, este alerta vem trazer à humanidade, vem dizer à humanidade, que tem de haver mudanças, pois senão virão os sinais do final dos tempos. Isto já foi anunciado por Fátima, os símbolos, os sete sinais do final dos tempos.*

– Quais são estes sete sinais?

– *Verinha, os terremotos, o aumento da temperatura e em conseqüência o degelo, as águas começando a invadir Continentes, o fogo, em forma de lava, invadindo a Terra, guerras acontecendo, muitas mortes, miséria e fome. Tudo isto, Verinha, a humanidade tem sido alertada. E dizer que Deus não é um Deus de amor?Que Nossa Senhora vem para amedrontar a humanidade?Não, pois não é Nossa Senhora que está destruindo. Ela vem alertando aos homens para que não se auto destruam.*

– Mas se as relações entre a humanidade mudarem será que estes sinais param? Como param?

– *Para, porque o amor desprende uma grande energia. Sempre há esperança que na mudança de um milênio haja uma renovação no amor.*

– Mas, se as pessoas não entenderem, ou se não acatarem as mensagens, ela alerta então que os tempos podem se acabar? De uma vez?

– *Não , não é de uma hora para outra, não é com hora marcada, mas vai aumentando a miséria, a*

destruição, o sofrimento e, aos poucos, o mundo vai sendo destruído. O Planeta tem sofrido muitas agressões.
– Mas se ela já tem feito estes alertas...
– *Por isso cada vez mais, ela fala dos sinais, da seqüência dos sinais.*

Acho que as pessoas não entendem, as pessoas que divulgam, que publicam os livros, que falam das aparições, dizem que haverão sinais, mas não explicam como parar, dão a entender que Nossa Senhora está dando um aviso do que vai acontecer de qualquer jeito. Mas isto não é verdade, o poder de parar a destruição está nas mãos dos homens. Eu agora entendo, mas como fazer para a humanidade compreender e se modificar? Sei agora que todos temos dons que nos ajudam a viver aqui na Terra. Mas, principalmente, sei que só mudaremos o mundo se for uma vontade coletiva. Temos todas as ferramentas, precisamos somente começar a dar UM PASSO DE CADA VEZ.

Alexandre - 8 anos

Fiquem em paz.

Epílogo

Gabriel havia me dito que as mensagens de Maria chegariam às minhas mãos. Elas vieram sob a forma do livro "Mensagens de Maria para o Mundo"[9]. Maria informa à humanidade as mudanças previstas para o final desta era e início do novo milênio. São previsões sérias com muito sofrimento, mas também com muitos acontecimentos benéficos para a humanidade. Muitos indivíduos farão importantes descobertas na área da saúde, meio ambiente e desenvolvimento tecnológico.

O eixo da Terra está se deslocando. Esta mudança independe de qualquer ação da humanidade, ela está ocorrendo porque o Planeta está inserido num Sistema Solar que está sofrendo alteração. Somente esta mudança do eixo já é suficiente para acarretar grandes transformações e isto não podemos modificar. Mas podemos colaborar para diminuir a destruição dos mangues, das reservas ambientais, da flora, da fauna e evitar a poluição das águas. Não podemos ficar calados frente ao desmatamento da Floresta Amazônica e a devastação do Pantanal do Mato Grosso, que estão entre as maiores reservas naturais do Planeta.

---

[9] "Mensagens de Maria para o Mundo" — Annie Kirkwood/Bayron Kirkwood, Editora Record/Nova Era, Rio de Janeiro/RJ, 1996, 9ª edição.

Segundo a escritora Sara Marriott, que finalmente encontrei numa viagem que ela fez a Santa Catarina, ela também tem recebido mensagens sobre as possíveis mudanças, algumas poderemos modificar, outras se tornarão realidade dando continuidade à evolução.

É o momento de tomarmos consciência que somente através do amor verdadeiro, puro, sem preconceito, seremos capazes de criar a energia necessária para se opor ao ódio, inveja, ganância, egoísmo que tem se espalhado sobre a Terra. Isto não é ficção, não é imaginação é a mais pura verdade. Não podemos perder mais tempo. Acreditem, as mudanças já estão ocorrendo, vamos dar o primeiro passo.

Referências

¹ "Pergunte ao seu Anjo" — Alma Daniel, Timothy Wyllie e Andrew Kamer — Editora Pensamento, São Paulo 1992

² "Pegadas na Areia": — José Spera, Texto "...Senhor, tu não me dissestes que, tendo eu resolvido te seguir, tu andarias sempre comigo, em todo caminho?/ Contudo notei que durante as maiores tribulações do meu viver, havia apenas um par de pegadas na areia./Não compreendo porque nas horas em que mais precisava de ti, tu me deixastes sozinho/ O Senhor me respondeu:/ Meu querido filho, jamais te deixaria nas horas da prova e do sofrimento./ Quando vistes na areia, apenas um par de pegadas, eram as minhas./ Foi exatamente aí que eu te carreguei nos braços." — Edições Paulinas.

³ "Violetas na Janela". — Vera Lúcia Marinzeck de Carvalho, Psicografia — Editora Petit, São Paulo 1993, 11ª edição.

⁴ "Nossa Ligação com as energias Superiores" — Sara Marriott, — Editora Pensamento, São Paulo 1988.

⁵ "Comunicação com os Anjos e Devas" — Doroty Maclean, Editora Pensamento, São Paulo 1980.

⁶ "Comunicação com os Anjos e Devas" — Doroty Maclean, Editora Pensamento, São Paulo 1980.

7 "O Mundo de Sofia" — Jostein Gaarden, — Editora Três, 1991

8 "Relatos sobre a existência dos Anjos da Guarda" — Pierre Jovanovic, Editora Anagrama, São Paulo, 1995.

9 "Mensagens de Maria para o Mundo" — Annie Kirkwood/Bayron Kirkwood, Editora Record/Nova Era, Rio de Janeiro/RJ, 1996, 9ª edição.